脱贫攻坚与乡村振兴衔接研究丛书

脱贫攻坚
与乡村振兴衔接

生 态

中国扶贫发展中心
全国扶贫宣传教育中心　组织编写　／　尚道文　著

人民出版社

导 读

打赢脱贫攻坚战、实施乡村振兴战略，生态是基础。本书以习近平生态文明思想为指导，探讨了生态振兴在乡村振兴中的重要地位和作用。通过对乡村生态的深入调查，剖析乡村存在的突出生态问题，提出了乡村生态振兴的战略目标、具体目标和内在要求。在此基础上，论述了深入推进农业绿色发展、加强乡村生态保护与修复、改善农村人居环境等脱贫攻坚与乡村生态振兴衔接的有效路径，能够帮助广大读者在实际工作中解决难题、启发创新。

全书共五章，分为两大部分。

第一部分由第一章和第二章组成。

第一章"乡村生态振兴任重道远"，主要论述乡村生态振兴的重要性以及生态环境保护与脱贫攻坚和乡村振兴的关系。

第二章"正视乡村存在的突出生态问题"，主要论述与推进乡村生态振兴、建设美丽乡村和美丽中国关系最为紧密的自然环境问题、经济社会发展带来的生态问题等。

第二部分包括第三章到第五章。

第三章"用习近平生态文明思想指导乡村生态振兴"，主要论述全力推动乡村生态振兴的政策指向，包括牢固树立生态价值观念、坚决走好绿色发展之路、着力解决突出环境问题等理论研究。

第四章"乡村生态振兴的战略取向"，主要论述推动乡村生态振兴的"道路设计"问题，包括乡村生态振兴的主要内涵、战略目标与具体目标以及内在要求。

第五章"脱贫攻坚与乡村生态振兴的衔接路径"，主要论述推动乡村生态振兴的具体办法，包括推进绿色农业发展的具体策略、大规模国土绿化等乡村生态保护与修复措施、整治乡村人居环境的基本方法。

目 录
CONTENTS

第一章　乡村生态振兴任重道远　·······················001

第一节　乡村生态振兴在乡村振兴中的地位和
作用 ·······································002

第二节　生态环境保护与脱贫攻坚、乡村振兴的
关系 ·······································007

第三节　乡村生态振兴是实现中华民族永续发展
的紧迫需要 ·······························010

第四节　乡村生态振兴是实现国家富强社会安定
人民幸福的内在需要 ·······················017

第二章　正视乡村存在的突出生态问题　···············027

第一节　自然环境维度的生态问题 ···············028

第二节　经济社会维度的生态问题 ···············046

第三节　农业农村农民维度的生态问题 ···········057

第三章　用习近平生态文明思想指导乡村生态振兴　·······073

第一节　观念转向：牢固树立生态价值观念 ···········074

第二节　绿色指向：坚决走好绿色发展之路 ···········077

　　　　第三节　民生取向：着力解决突出环境问题 ·················· 083

　　　　第四节　实践导向：全力推动乡村生态振兴 ·················· 090

第四章　乡村生态振兴的战略取向 ·························· 097

　　　　第一节　乡村生态振兴的主要内涵 ·························· 098

　　　　第二节　乡村生态振兴的战略目标与具体目标 ·········· 102

　　　　第三节　乡村生态振兴的内在要求 ·························· 111

第五章　脱贫攻坚与乡村生态振兴的衔接路径 ·········· 117

　　　　第一节　深入推进农业绿色发展 ·························· 118

　　　　第二节　加强乡村生态保护与修复 ·························· 136

　　　　第三节　持续改善农村人居环境 ·························· 160

参考文献 ·························· 186

后　记 ·························· 196

第一章

第一章

乡村生态振兴任重道远

乡村生态振兴是农村生态文明建设的重要方面，关系人民福祉，关乎民族未来，既有生态意蕴，更具有重大的经济、政治、文化、社会、民生意义。党的十八大报告明确指出："必须树立尊重自然、顺应自然、保护自然的生态文明理念，把生态文明建设放在突出地位，融入经济建设、政治建设、文化建设、社会建设各方面和全过程，努力建设美丽中国，实现中华民族永续发展。"当前，作为中国农村生态文明建设重要组成部分的乡村生态振兴，与这一宏伟目标相比，仍有较大差距。我们要充分认识乡村生态振兴的地位和作用，了解生态环境保护与脱贫攻坚、乡村振兴的关系，更好地促进乡村生态振兴。

第一节　乡村生态振兴在乡村振兴中的地位和作用

当前，随着工业化、城市化、城镇化和农业产业化进程的不断加快，广大乡村在经济快速发展的同时，生态环境也面临严峻挑战。实现乡村振兴必须聚焦乡村生态环境建设，然而乡村生态振兴并不局限于环境治理，而是在多维关系的博弈下推进农业绿色发展，加强乡村生态保护与修复，不断改善农村人居环境，实现人与自然的和谐共处，实现城乡融合，促进农村生态系统（包含经济、政治、文化、社会、生态文明五位一体）的良性循环。乡村生态振兴充分体现在乡村的各个构成要素之中，涵盖了生产方式、生活方式、社会关系以及景观保护与自然资源合理利用等方面，同时，各个要素之间又存在着相互渗透、交织、制约的关系。因此，乡村生态振兴作为乡村振兴的"五个振兴"之一，在乡村振兴战略中占有极其重要的地位。

一、乡村生态振兴是乡村振兴的内在要求

广阔的农村地区，在中国地理分布格局、气候变化、水源保障、生物多样性和国土空间开发格局等方面具有独特而重要的战略地位。从中国的现实国情来看，城镇化虽然取得了长足发展，但今天依然还有近 5.7 亿人生活在农村，占总人口的 40% 左右。习近平总书记指出："在现代化进程中，城的比重上升，乡的比重下降，是客观规律，但在我国拥有近 14 亿人口的国情下，不管工业化、城镇化进展到哪一步，农业都要发展，乡村都不会消亡，城乡将长期共生并存，这也是客观规律。即便我国城镇化率达到 70%，农村仍将有 4 亿多人口。如果在现代化进程中把农村 4 亿多人落下，到头来'一边是繁荣的城市、一边是凋敝的农村'，这不符合我们党的执政宗旨，也不符合社会主义的本质要求。这样的现代化是不可能取得成功的！40 年前，我们通过农村改革拉开了改革开放大幕。40 年后的今天，我们应该通过振兴乡村，开启城乡融合发展和现代化建设新局面。"[①]

实施乡村振兴战略，就是要实现乡村的产业振兴、人才振兴、文化振兴、生态振兴、组织振兴。这"五个振兴"侧重点不尽相同，缺一不可，而且"五个振兴"之间有机联系且不可分割，相互耦合并且形成了一个联系紧密的有机整体。乡村生态振兴作为"五个振兴"的重要内容之一，与

[①] 习近平：《把乡村振兴战略作为新时代"三农"工作总抓手》，《求是》2019 年第 11 期。

其他四个"振兴"相互联系、相互依托，又对其他四个"振兴"发挥着极其重要的作用，必须协同推进。

乡村生态振兴是乡村振兴的内在要求。习近平总书记深刻地指出，良好生态环境是农村最大优势和宝贵财富，要让良好生态成为乡村振兴的支撑点。具体来看：第一，乡村生态振兴是产业振兴的基础。乡村产业振兴必须走绿色发展、可持续发展道路，良好生态环境可为发展生态旅游、健康休闲等第三产业创造条件。第二，乡村生态振兴是人才振兴的前提。习近平总书记指出，"乡村振兴也需要有生力军，要让精英人才到乡村的舞台上大施拳脚"。乡村要实现振兴，必须要有青年人才的加入。为促进乡村青年留在乡村，加大乡村人才吸引力，改善乡村居住生活条件、建设生态宜居的"美丽乡村"就具有重要意义。第三，乡村生态振兴为文化振兴提供载体。文化是乡村精神所系，乡村特性体现于特有的乡村文化中。乡村生态环境为乡村文化提供了特定物质载体，特定乡村生态环境孕育出特定乡村文化，保护乡村原始生态是保留乡村特有文化的前提。第四，乡村生态振兴依靠组织振兴来实现。乡村生态治理需要强有力的乡村组织、完善的体制机制和行之有效的治理措施才能实现，乡村生态的严峻挑战倒逼乡村治理改革，实现乡村生态有效治理也是乡村组织振兴的重要内容。因此，乡村生态振兴在乡村全面振兴中所起的基础性、支撑性作用至关重要。

二、乡村生态振兴是乡村振兴的生态基础

乡村生态环境问题是一个系统性问题，影响着经济、政治、文化、社会等子系统的良性发展和整个社会系统的协调运行。正因为如此，农民自下而上的生态环境诉求日益强烈，政府自上而下的生态环境保护力度更是不断加大。

从生产到生活，如果离开了绿色，乡村就失去了本色。乡村的"五个振兴"是具有内在关联的逻辑体系，其中乡村生态振兴既是乡村振兴的重要生态基础，又是乡村振兴的强有力抓手，还是其根本之所在。只有乡村的生态振兴了，乡村的生态环境才会不断改善，才会朝着优良的方向发展，也才会有利于产业振兴、人才振兴、文化振兴、组织振兴。

辩证地看，乡村振兴并非是指"三农"某一方面的振兴与发展，而是一个涵盖产业、生态、人才、文化、组织等在内的复合性、整体性、联动性的系统工程。在乡村振兴进程中，起基础性作用的是生态，这是一个极为重要的突破口和抓手，是非常重要的保障。乡村生态振兴了，才有利于乡村产业振兴、产业发展、产业转型升级；乡村生态改善了，才有利于留住乡村人才，发挥乡村人才的聪明才智；乡村生态优美了，才有利于乡村文化兴盛，留住乡愁；乡村生态繁荣、美丽了，才有利于更好地发挥乡村组织的作用和功能。当然，乡村的产业振兴、人才振兴、文化振兴、组织振兴，同样对乡村生态振兴有积极的促进作用，这五个维度之间相辅相成、相互促进、协同发展。

只有坚持把乡村生态振兴的基础打牢了、打实了、打好了，乡村振兴才有可能，才有希望，才有力量。

三、乡村生态振兴是建设农村生态文明的必然选择

当前，生态环境质量已成为全面建成小康社会的短板，而农村的生态环境保护又滞后于整个生态环境保护工作进程，成为短板中的短板。农村生态文明的严峻形势已成为制约美丽乡村建设的瓶颈，全面、深入、系统推进农村生态文明建设势在必行。

农村是中国经济社会发展的基础。如果没有乡村的生态振兴，就没有农村的生态文明。而没有农村的生态文明，就没有整个社会的生态文明。

生态文明建设的重点和难点在农村。党的十八大以来，不管是理论层面还是实践层面，乡村生态环境建设都受到了各级党委和政府的高度重视，各地坚持以乡村生态振兴为依托，积极将环境因素融入农村建设的各个领域，期望实现经济活动和生态环境的和谐共进、人与自然的融洽共生。

从具体目标来看，乡村生态振兴就是要推进农业绿色发展，加强乡村生态保护与修复，持续改善农村人居环境。从乡村发展的总体要求来看，要求"产业兴旺、生态宜居、乡风文明、治理有效、生活富裕"。从生态学意义上理解，人民日益增长的美好生活需要涵盖了对优美环境、安全食品、安全饮水、优良空气的需求，而生态宜居则涵盖了广大农村地区生活环境的美化、绿化、净化等内容。从这个意义上来讲，农村生态文明建设的重点领域应包括农村生态环境保护、农业绿色发展、农村生态治理等。这些内容不仅是乡村生态振兴的基础，也是农村生态文明的基础，只有把这些基础建设好，农村生态文明建设才具有质量。因此，促进农村生态文明建设要以农村生态资源要素保护为基础，推动农村生态文明建设；以农业绿色发展为保障，支撑农村生态文明建设；以农村生态治理为抓手，提升农村生态文明建设水平。

四、乡村生态振兴是普惠民生福祉的根本体现

2013年，习近平总书记在海南考察时强调："保护生态环境就是保护生产力，改善生态环境就是发展生产力。良好生态环境是最公平的公共产品，是最普惠的民生福祉。"

生态环境质量同样是生活水平的衡量标准之一。乡村生态振兴能让人民群众享受到生生不息的绿色，绿色不仅是生命的象征，还是大自然的底色，更是美好生活的底色。

当今中国，开启了生态文明新时代，随着社会发展和人民生活水平

的不断提高，人民群众对干净的水、清新的空气、优美的环境等方面的要求越来越高、越来越迫切，生态环境的地位日益凸显。"良好生态环境是最普惠的民生福祉"不是一句空话，因为良好的生态环境首先就是要满足人民群众基本的生存需求。目前，从消费的角度来看，人民群众的消费正由温饱型向品质型转变，以前盼温饱，现在盼环保，更为注重消费的品质和健康内涵；从市场的供求来看，以前求生存，现在求生态。全国各地的生态产品供不应求：一方面，城市里的人们想逃离城市的喧嚣，去山清水秀、生态环境优美、民族民俗文化厚重独特的乡村走一走、看一看、住一住，在大自然中尽情呼吸新鲜空气，放松心情，体验"乡情"，找回"乡愁"；另一方面，农民也渴望乡村的人居环境更舒适、优美。

"绿水青山就是金山银山"，推进乡村生态振兴，建设美丽乡村，就是民生的最大福祉。

第二节　生态环境保护与脱贫攻坚、乡村振兴的关系

在决胜全面建成小康社会之际，要同时打赢精准脱贫与污染防治两大攻坚战，必须转变发展方式，协同推进生态环境保护与经济发展。

一、生态环境保护是当前重要的治贫之举

中国的贫困地区大多数位于重点生态功能区、生态环境脆弱区，限制开发或者资源匮乏是造成这些地方贫困的重要原因。

以大别山片区为例。大别山片区区位特殊：一方面，它属于国家确定的 14 个连片特困区之一，片区内贫困人口多、贫困程度深，片区所辖县

多是国家级贫困县，脱贫攻坚任务艰巨；另一方面，根据《全国主体功能区规划》(国发〔2010〕46号)，大别山区又属于国家重点生态功能区，是华中地区和长江三角洲地区的重要生态安全屏障，担负着保障生态安全、发挥生态功能的重任，区域内森林覆盖率高、自然保护区多、生态资源较富足，但局地生态环境脆弱、自然灾害频发，生态保护、修复任务繁重。在大别山片区，减贫脱贫与生态保护、修复两大任务叠加。因此，在国家连片特困区、重点生态功能区、生态环境脆弱区，能否整合资源实行政策联动，协同推进减贫脱贫与生态环境保护，实现可持续发展，是摆在我们面前的一个重大课题。

从公平视角来看，经济发展过程中所产生的污染负担有时还会不同程度地落到弱势群体身上，以前个别地区出现的"癌症村现象"就是这一问题的集中体现。因此，对这些区域予以富有成效的生态环境保护，推进乡村生态振兴，是治理贫困的极为重要的举措。

在实践层面，生态扶贫的主要途径有重大生态工程建设、生态补偿、发展生态产业等，其中重大生态工程建设的扶贫范围最广。贫困地区通过设立岗位吸纳贫困人口参与到风沙治理、天然林保护、退耕还林还草等生态工程建设或者管护工作中，采用以工代赈的形式，除了使扶贫对象获得工资性收入和健康福利外，还提升了贫困地区生态系统服务功能，加上由此带来的环境升值，有助于获得更加长远的经济效益。

二、生态环境保护是乡村长远振兴之策

乡村振兴战略提出要建设生活环境整洁优美、生态系统稳定健康、人与自然和谐共生的美丽乡村，这些目标的实现都基于生态环境的保护与大力改善。随着环境的大力改善，乡村将会发挥出巨大的振兴潜力。

以欧洲发达国家为例。随着农产品产量由不足转向过剩，人们已经认

识到单靠农业并不能长期保持乡村的吸引力，需要将农村发展的重心放到生态环境保护上来。中国的农村占国土总面积的 94% 以上，2018 年农业占国内生产总值的比重已降到 7.2%。今后，基于良好生态环境质量的农业农村多功能价值远大于农产品本身。

生态环境保护实现的目标，不仅仅是生态振兴，还包括以优美的生态环境吸引产业投资，以宜居的生态优势留住人才，以良好的环境提高农民的康养水平和幸福感、获得感，为产业、人才、文化、组织多方面振兴提供和谐共生、良性循环的发展基石，进而促进并实现乡村全面振兴。

三、生态扶贫和生态振兴衔接的内在关系

生态扶贫和生态振兴具有内在一致性，目标都是通过合理可持续地利用生态资源，将"绿水青山"变成"金山银山"。生态扶贫和生态振兴是针对同一问题在不同阶段采取的不同策略：前者重心是扶贫，针对消除绝对贫困，缩小贫富差距，使人民共享改革发展成果；后者重心是生态，针对解决相对贫困，缩小城乡差距，满足人民对美好生活的向往，其中包括对优美的生态环境的向往。总体来说，生态振兴是生态扶贫的升级版，生态扶贫任务完成后，则应将工作重点无缝衔接到生态振兴。

具体来说，两者存在如下差异：

第一，具体目标不同。生态扶贫目标在于通过吸纳贫困人口积极参与生态环境保护等工程，提升收入水平；生态振兴目标在于通过尊重自然、顺应自然、保护自然，通过推进农业绿色发展、加强乡村生态保护与修复、持续改善农村人居环境，着力推动生产生活方式的转变。

第二，战略侧重不同。脱贫攻坚聚焦农村贫困地区和贫困人口，以完成脱贫的基本要求和核心指标为目标，侧重保基本、保兜底，着力解决"两不愁、三保障"问题。因此，生态扶贫侧重于具体对待、微观施策。

乡村振兴聚焦农村全域和广大农民，以农业农村现代化为目标，侧重高质量、高品质，要实现农业强、农村美、农民富的乡村全面振兴。因此，生态振兴侧重于顶层设计、整体规划。

第三，总体要求不同。《中共中央 国务院关于打赢脱贫攻坚战三年行动的指导意见》要求，2020 年稳定实现农村贫困人口不愁吃、不愁穿，农村贫困人口义务教育、基本医疗、住房安全有保障。生态扶贫是实现"两不愁、三保障"的手段之一，对于生态环境改善没有明确的任务要求。乡村振兴对推进农业绿色发展、加大乡村生态保护与修复、改善人居环境等方面提出了明确的要求。

第四，时间节点不同。生态环境保护是打基础、惠长远、利千秋的系统工程，经济效益不会即时显现。而脱贫攻坚对于脱贫效果及脱贫时间要求迫切，生态扶贫的脱贫力度在脱贫攻坚整体效益中所占比重不高，乡村振兴的目标是为实现第二个百年目标打基础，给予生态振兴充分的发展空间和历史耐心。

第五，具体战术不同。包括生态扶贫在内的脱贫攻坚是点上着力，强调精准方略、对症下药、靶向治疗。包括生态振兴在内的乡村振兴则是全面发力，注重总体设计，强调促进农业全面升级、农村全面进步、农民全面发展。

第三节　乡村生态振兴是实现中华民族永续发展的紧迫需要

生态安全是指一个国家具有支撑国家生存与发展的较为完整、不受威胁的生态系统，以及应对国内外重大生态问题的能力。生态安全主要由土地安全、水资源安全、大气环境安全和生物物种安全等因素构成，任何一个构成因素出了问题，都会影响生态安全并进而影响国家安全。因此，生态环境的恶化对人类生存的威胁，如同战争威胁一样生死攸关。

在乡村，有森林、湿地、流域、湖泊、农田、耕地等生态系统，它们一起构成了生命共同体。2014年12月25日中央政治局常委会会议上，习近平总书记特别强调："森林是陆地生态的主体，是国家、民族最大的生存资本，是人类生存的根基，关系生存安全、淡水安全、国土安全、物种安全、气候安全和国家外交大局。"在乡村，森林、草地、湿地、耕地、农田、河流等是主体，保护好森林、草地、湿地、耕地、流域、湖泊、农田等生态系统，推进乡村生态振兴，维护好乡村生态安全，筑牢生态文明建设根基，是实现中华民族永续发展的紧迫需要。

一、乡村生态振兴关系国家淡水安全

淡水是粮食安全的命脉，供人类生活饮用，保证自然界的生物生长与生存，并广泛应用于经济社会诸领域，作用不可替代。因此，水环境安全问题既是生态环境问题，又是经济问题和政治问题，更是直接关系国家民生安全，包括粮食安全、食物安全、国民健康安全、经济安全、国防安全等。

2013年，习近平总书记在党的十八届三中全会上作《中共中央关于全面深化改革若干重大问题的决定》时指出："如果破坏了山、砍光了林，也就破坏了水，山就变成了秃山，水就变成了洪水，泥沙俱下，地就变成了没有养分的不毛之地，水土流失、沟壑纵横。""山水林田湖是一个生命共同体，人的命脉在田，田的命脉在水，水的命脉在山，山的命脉在土，土的命脉在树。"由于过去人为的破坏与乱砍滥伐，森林大面积消失，中国已成为世界上水土流失、土地沙漠化、石漠化、盐渍化等国土生态安全问题最严重的国家之一。据专家研究，林地平均最大蓄水能力是荒地的30—40倍。因此，严重的水土流失、荒漠化和石漠化等问题，不仅造成淡水危机，而且直接威胁国家的生态安全、粮食安全、防洪安全，甚至直接威胁中华民族的生存安全，已经成为经济社会可持续发展的制约因素。

森林、湖泊、湿地、河流、农田等主要分布在广袤的乡村，乡村生态振兴要求进一步加大对森林、湖泊、湿地、河流、农田等生态系统的保护力度，我们要以更高的标准、更严的要求来保护更大范围的自然生态环境的总体完整。

二、乡村生态振兴关系国家物种安全

生物物种安全是指生物及其与环境形成的生态复合体、相关生态过程达到一种平衡的状态，以保证物种多样性、遗传多样性和生态系统多样性。生态安全就是生态系统的安全，在各大生态系统之中，森林生态系统是"物种之家"。保护物种，关键是要保护好森林等生态系统，保护好物种的栖息地。

中国是世界上生物物种最丰富的国家之一，但是由于森林等生态系统的退化，导致中国成为世界上濒危物种数量最多的国家之一。与此同时，全国所有的省、自治区、直辖市都有外来物种，这些外来物种不仅会对"入侵领地"的生物多样性形成威胁，破坏生态平衡，造成重大的经济损失，甚至会改变当地地貌，威胁人们的生存，造成无法估量的恶果。

在自然生态系统之中，物种可为能量的流动提供服务；在人类经济系统之中，物种可为人类提供生产资料和信息储备。物种是人类食物和药物的基本来源，是人类可持续发展的重要基础。物种一旦消失就不可复生，人类将永远失去这些基因，也将严重危害经济和社会发展，造成难以挽回的经济损失和生态灾难。我们必须从国家和中华民族的长远利益出发，推进乡村生态振兴，防范和化解这种风险，有效确保国家生态安全。

三、乡村生态振兴关系国家气候安全

气候不仅是自然生态系统的重要组成部分，也是人类赖以生存和发展的基础条件，还是经济社会可持续发展的重要资源。气候变化会造成干旱、暴风雨以及洪水等极端气候事件。

中国是世界气候脆弱区之一，气候异常给中国带来了严重的气候灾害。特别是随着全球气候变暖，中国的生物、资源、食物和人民群众的安全等方面都受到了不同程度的威胁，日益频繁的高温、干旱、洪涝与泥石流等自然灾害冲击着人民群众的生活，进而威胁到国家的生态安全。与此同时，气候变化会进一步加剧水资源短缺，造成当前世界政治不稳定和社会紧张局势加剧。世界一些国家和地区极端天气气候事件出现的频率和强度增加，如厄尔尼诺、干旱、雷暴、冰雹、洪涝、高温天气和沙尘暴等气候现象。世界气象组织的统计也充分证明，约有九成自然灾害与气候事件存在关联。

面对日益严峻的全球气候变化和大气环境污染，2015年11月30日国家主席习近平在气候变化巴黎大会上庄严承诺，到2030年中国森林蓄积量要比2005年增加45亿立方米左右，并指出中国把应对气候变化融入国家经济社会发展中长期规划，坚持减缓和适应气候变化并重，通过法律、行政、技术、市场等多种手段，全力推进各项工作。这充分体现了中国对维护全球气候安全高度负责的精神，受到了国际社会的高度评价。为此，要全力推进乡村生态振兴，大力推进退耕还林还草，改变乡村现有的不合理的生产和生活方式，采取切实有效的措施降低气候风险，着力提高气候安全水平，为中国经济社会的可持续发展提供强有力的支撑。

四、乡村生态振兴关系国家经济安全

人类活动如果超过自然生态系统的承载力，就会对自然生态系统产生外部性影响，而这一外部性影响必然导致自然生态系统承载力的减小，进而影响未来阶段人类经济活动的水平。在人类历史上，因生态退化和自然资源减少而造成经济衰退乃至文明消亡的现象屡见不鲜。对任何国家来说，其存在与发展都离不开自然环境的消耗。这种消耗要想可持续，就必须是有节制的、理性的，即对自然环境的索取，必须是自然环境能够承受的，不可超过自然生态系统的承载力。

如果超过了这个限度，问题积累起来，就会导致三个结果：一是资源越来越少，二是环境质量越来越差，三是生态系统越来越不稳定。这种不可逆的生态退化或破坏，不但影响经济安全，而且会严重透支子孙后代的发展资源和生存环境，甚至给国家、民族的发展带来不可估量的重大影响。从这个意义上来讲，乡村生态振兴能有效地确保生态安全，而生态安全又构成了国家经济安全的条件与基本保障。可以说，没有乡村生态振兴就没有生态安全，没有生态安全就没有经济的可持续发展，也就没有国家的经济安全。

五、乡村生态振兴关系国家国土安全

土地不仅是人类社会经济发展的基础，还是生态系统服务功能的载体，更是协调发展与保护矛盾的纽带。从传统安全观来看，国土安全主要是维护边界、主权和国家的统一；从总体国家安全观来看，国土安全则包括生态安全和乡村生态振兴的内容。没有青山绿水的国土不是安全的国土，而青山绿水来自乡村的生态振兴。只有土壤、空气、水体等不受污染，自然环境与人居环境相适宜，国土才是真正安全的。

当代的生态问题，对国土的影响是多方面的。一方面，它可能改变国土的大小。气候变暖所造成的海平面上升，会使世界一些国家的低海拔地区被淹没，特别是一些小岛国，其国土甚至会完全消失。如今，气候变暖已经成为国际政治、经济和外交领域的热点问题。另一方面，它可能影响国土的质量。资源消耗过大、森林减少、土地退化、人居环境严重污染等问题，在时时刻刻影响着国土的实用价值、产出效益和发展潜力。数据显示，2009—2013 年的 5 年间，全国各类建设违法违规占用林地面积年均超过 200 万亩，其中约一半是国有林地，局部地区毁林开垦问题依然突出。随着城市化、工业化进程的加速，生态建设的空间被进一步挤压，严守生态红线的压力日益加大。

总体来看，中国乡村生态环境脆弱，广大乡村的生态状况如何，不仅关系各族人民的生存和发展，也关系国家的生态安全、国土安全。鉴于此，只有推进乡村生态振兴，才能保护好生态环境，才能保护好国土，才能实现新中国第一任林业部长梁希所描绘的美好愿景："无山不绿，有水皆清，四时花香，万壑鸟鸣，替河山装成锦绣，把国土绘成丹青。"

六、乡村生态振兴关系国家生存安全

人类的生存与发展必须高度重视生态安全。生态安全是人类生存的底线，是人类与大自然相互依存的底线，是文明应守的底线，更是全面小康的底线。

当前，中国生态环境问题危机重重，既源于竭泽而渔、寅吃卯粮、蚕食绿色的生存方式，更有来自境外的生态侵略。境外一些穷奢极欲的消费市场让中国野生动物面临严重的生存危机。如欧洲时装市场对"沙图士"

的需求使中国特有的藏羚羊屡遭猎杀；中东富豪对猎鹰的喜好使中国西北的猎鹰常遭捕捉；韩国对熊胆粉的消费使中国数以千计的野生熊类遭受围猎；日本情侣有互赠相思鸟的习俗，有人便大量收购野鸟，一些地方鸟少虫多、生态失调；有些国家高度重视封山育林，却大量从中国进口一次性木筷；还有的国家不养山羊，却资助中国养，然后进口羊绒，造成中国有些地方植被破坏、水土流失。这种以开发、贸易之名的生态侵略直捣中国的腹地，特别是西部生态脆弱地区，对中华民族赖以生存的自然根基鲸吞蚕食、巧取豪夺。同时，国外物种入侵、荒漠化等生态灾难也不可麻痹大意、掉以轻心。还有以美国、英国、法国、德国、澳大利亚、加拿大、日本等为主的发达国家，每年都向中国、马来西亚等亚洲多个发展中国家出口数量惊人的"洋垃圾"（固体废物），日益增多的"洋垃圾"给中国的生态环境、民众健康带来严重危害，导致了大气污染、水源污染、土壤污染和庄稼枯萎、民众患病等问题。

2015 年 1 月，习近平总书记在云南考察工作时强调："要把生态环境保护放在更加突出位置，像保护眼睛一样保护生态环境，像对待生命一样对待生态环境，在生态环境保护上一定要算大账、算长远账、算整体账、算综合账，不能因小失大、顾此失彼、寅吃卯粮、急功近利。" 2019 年 3 月 5 日，习近平总书记在参加十三届全国人大二次会议内蒙古代表团审议时强调："保持加强生态文明建设的战略定力，探索以生态优先、绿色发展为导向的高质量发展新路子，加大生态系统保护力度，打好污染防治攻坚战，守护好祖国北疆这道亮丽风景线。" 2019 年 7 月 15 日，习近平总书记在内蒙古自治区赤峰市喀喇沁旗马鞍山林场考察调研时指出："筑牢祖国北方重要的生态安全屏障，守好这方碧绿、这片蔚蓝、这份纯净，要坚定不移走生态优先、绿色发展之路，世世代代干下去，努力打造青山常在、绿水长流、空气常新的美丽中国。"生态环境事关每个人的切身利益，生态环境的治理不可能一蹴而就，我们必须从保障人类文明和生存安全的高度，从维护国家和中华民族长治久安的战略高度，切实维护好乡村生态安全，不断扩大森林、湿地、草原面积，保护好河流、湖泊、农田，保持生物多样性，增强生态功能，实现乡村生态振兴。

第四节　乡村生态振兴是实现国家富强社会安定人民幸福的内在需要

实现人与自然协调发展，实现人与自然的和谐共荣、百姓富生态美的内在统一，就必须要坚持全面、协调、可持续发展战略，节约资源、改善生态、保护环境，从生命线、生存线和幸福线的战略高度出发，高度重视生存与生态环境的矛盾、发展与生态环境的矛盾，保护好生态环境和大自然，推动乡村生态振兴。

一、推动乡村生态振兴，就是构筑国家经济社会发展的生命线

在实践活动中，人类对生产与生活方式的认知偏差，造成人类与生态环境的对立。当人类处在生存阶段时，大部分的人为了生存就会放弃生态环境保护，会对生态环境采取征服和索取、过度消耗自然资源、破坏生态平衡、污染生态环境等手段或方式。生态环境的恶化又使人类的生存更趋艰难，甚至有时会危及生命。同时，有效的生存空间狭小而分散，进一步构成反贫困的严重障碍。

在中国西部地区，人与环境之间的矛盾更加突出。一是西部地区的人口增长速度过快，1953—2000 年，西部地区人口以平均 1.66% 的速度递增，2001—2009 年西部地区的人口增长仍在继续。过多的人口数量及

过快的增长速度严重制约西部地区的经济发展，限制人均收入的增加，减缓脱贫的步伐。2009年，西部地区人均GDP为18248.9元，比全国人均GDP的25575.48元少7000多元，相较于2002年，这个差距还在进一步加大。二是人口密度增加，压缩生存空间。2002年西部地区人口密度最大的三个省、直辖市依次是重庆市、四川省、贵州省；2009年西部地区每平方千米人口密度为53.5人，整体有所下降，但有些地区还在增加。人口的增长扩大了资源需求，造成自然生态破坏。三是工业与生活环境污染严重，污染程度和广度加大，经济损失巨大。人们的不合理行为造成了严重的生态环境问题，面对这些问题人们变本加厉，使生存环境进一步恶化。

恶劣的生态环境加剧了生存的困境，并阻碍了脱贫。中国重点扶持的贫困县大约有1/2分布在西南山区，1/4分布在北方干旱、半干旱和荒漠草原牧区，1/4分布在青藏高寒山区。这些地区生态环境脆弱、自然灾害频繁、农业资源短缺，生产力水平低下，人们为了生存乱砍滥伐，导致生态资源破坏、生态退化，生态环境的恶化又加重了社会贫困和经济落后，降低了人们的生存质量，甚至威胁人们的生存。生态环境破坏使人们面临生存危机，在生存和环境的选择面前，当生存处于第一位时，贫穷的加剧又造成人们过度索取自然资源，使环境迅速退化、恶化；恶化的生态环境反过来又使贫困地区的生存条件更加恶劣，进一步加剧当地的贫穷，从而陷入贫穷与环境退化的恶性循环之中。

调查显示，湖北省恩施土家族苗族自治州清江的大部分支流下游河段污染严重，其中部分断面河口甚至已成为城市的排污沟，利川市小河沟河口水质现状污染最明显，相较其他监测断面污染情况更为严重；其次是恩施市高井河断面，也比其他监测断面污染严重。据现场取样情况分析，利川市小河沟、恩施市高井河等已基本丧失河流功能，河口段明显以污水为主。①

据统计，浙江省的 1174 家电镀企业中，有 1013 家在乡村；36 家涉重金属矿采选和冶炼企业中，有 31 家在乡村；113 家皮革鞣制企业中，有 109 家在乡村；62 家铅蓄电池生产、组装及回收企业中，有 52 家在乡村。浙江几乎所有地区的绝大部分重金属污染企业都位于乡村。② 显然这是城市工业以直接或间接的方式向乡村转移的结果。

面对严峻形势与挑战，国家通过退耕还林、退耕还草、退耕还湖、植树造林、防治沙漠化、水土保持、国土整治、草原建设以及天然林资源保护等一系列措施，积极整治环境问题，人民群众的生态环境保护意识在不断增强，中国生态环境质量总体在改善。

回望历史、面对现实、展望将来，生态环境的好坏决定着人类的生存与发展程度，决定着经济社会发展的程度，生态环境改善得越快，经济发展就越快，人类的生存与发展就会更好，国家就会更加富强美好。改善生态环境就是解放生产力、发展生产力，就是让人们生活得更加美好。内蒙古自治区的库布其治沙面积达 6000 多平方千米，涵养水源 240 多亿立方米，生物多样性保护价值 3.49 亿元。把荒漠变林海的河北省塞罕坝国家森林公园，是华北地区面积最大、兼具森林草原景观的国家级森林公园，景观独具特色，被赞誉为"河的源头、云的故乡、花的世界、林的海洋、珍禽异兽的天堂"。2017 年 12 月，塞罕坝与库布其一起被联合国环境大会授予"地球卫士奖"。

实践反复证明，生态环境是国家经济社会发展的生命线。如果一个乡

---

① 张仪等：《恩施清江枯水期水质现状与污染防治对策分析》，《城市环境与城市生态》2015 年第 1 期。

② 王学渊等：《经济增长背景下浙江省城乡工业污染转移特征及动因》，《技术经济》2012 年第 10 期。

村、一个地区、一个国家的生态环境恶化，又得不到有效的治理和改善，终将导致生态失衡、气候失调，洪水、干旱、风沙、泥石流等自然灾害就会频繁发生，大面积的农田、草牧场和基础设施就会被破坏，人们的生存与发展、经济社会发展就会失去依托，最终阻碍生产力的发展。一些地方生态环境资源丰富却相对贫困，可以通过改革创新，探索一条生态脱贫的新路，让贫困地区的土地、劳动力、资产、自然风光等要素活起来，让资源变资产、资金变股金、农民变股东，让绿水青山变成金山银山。

大力改善生态环境，推动乡村生态振兴，才能进一步增强乡村农业、牧业、渔业等抗御自然灾害的能力，夯实发展基础，最终实现增产增收和农村的稳定，进而构筑国家经济社会发展的生命线。

二、推动乡村生态振兴，就是构筑人民群众安居乐业的生存线

人类的生存与发展条件取决于生态环境。人类如果肆意破坏生态环境，不重视生态环境的保护，任由风蚀沙化、水土流失、荒漠化继续蔓延，必然是沙进人退，人类美好的家园将被吞噬，不仅当代人会失去生存之地、发展之基，而且会威胁子孙后代的生存与发展。

在人类文明长河中，一些具有古老文明的国家和地区，诸如古埃及文明、古巴比伦文明、古地中海文明和古印度恒河文明、美洲玛雅文明等，之所以消亡、衰落，其共同的根源，就是过度砍伐森林、过度放牧、过度垦荒和盲目灌溉等，使广袤的森林、草原植被遭到毁灭性的破坏，河道淤塞或改道，水土流失加剧，土地沙化、盐碱化，肥沃的土地遭到侵蚀、剥离，作物生长需要的营养物质流失，伴随土地生产力的衰竭，它所支持的文明也就必然日渐衰落并消亡。

中国的黄河流域，远古时期森林广布、土地肥沃，是华夏文明的主要发祥地。自秦汉以来的大规模开垦，虽然促进了当时的农业发展，造就了举世瞩目的灿烂文明，但由于大片森林被砍伐，广袤的草原被开垦，导致水土流失加剧，土地日益贫瘠，留下一个干旱、荒漠和灾害频发的黄土高原，原本繁荣的农耕文明也日渐凋敝。

黄土高原上的甘肃省武威市民勤县，其绿洲沙化就是一个极为典型的案例，① 它告诫人们，保护生态环境刻不容缓。民勤绿洲，位于甘肃省河西走廊的东北部，从地理位置看，它像一把绿色的"楔子"，横亘在腾格里沙漠和巴丹吉林沙漠之间，形成一道天然屏障，扼住沙漠南移的咽喉，阻止着两大沙漠合拢。有史以来，它即为河西走廊水草丰美的绿洲。河西走廊有一条石羊河，是祁连山终年积雪和冰川融化形成的水系，民勤绿洲就是石羊河延伸到腾格里沙漠腹地形成的泽国景观。

民勤历史悠久，文化发达，人杰地灵。早在4000多年以前，这里就有人类繁衍生息。据科学考证，远古时期，石羊河在民勤地界的终端湖——青土湖，面积达1.6万平方千米，平均水深25米，最深处60米，水域面积相当于现在整个民勤县区域。由于石羊河流量大，冲积范围广，从南向北，经武威向民勤流淌，顽强地深入腾格里沙漠和巴丹吉林沙漠之中，浇灌出长140多千米、宽40多千米的绿洲沼泽平原。据史料记载，西汉武帝时在此设县，至今设郡置县有2100多年。绿洲内，水草茂盛，林木葱郁，花果飘香，历经汉朝、魏晋南北朝、隋朝、唐朝、宋朝、元朝、明朝、清朝，至公元1840年，长达近2000年。西汉时期水草丰美的民勤，有4000平方千米的湖泊，到清朝时期，湖泊面积只剩下400平

---

① 资料来源：根据甘肃省武威市民勤县发展和改革委员会提供的资料整理、提炼而成，在此表示衷心感谢。

方千米，减少了 90%。大规模的移民拓殖，造成人口的增加和垦殖力度的加大，民勤的沙漠化逐渐凸显。但一直到 19 世纪后期，全县仍有上百个湖泊。

20 世纪初，青土湖水域面积有 120 平方千米；解放初期，水域面积仍有 70 平方千米，到 1959 年完全干涸，水干风起，流沙肆虐，形成了长达 13 千米的风沙线，成为民勤绿洲北部最大的风沙口。仅剩的绿洲，被两大沙漠合围，萎缩成一个向西倾斜的三角形，最宽处不过 40 千米，最窄处仅一路之宽。

漫天飞舞的黄沙，不适宜人类居住的环境，逼走了世世代代生活在这里的人们。从清朝开始，民勤已经有 60 多万人迁离故土，沦为"生态难民"。

庆幸的是，民勤绿洲沙化给人们敲响了警钟，人们开始觉醒和抗争。1950 年，民勤县举行第一次群众性植树造林誓师动员大会，从此防沙治沙就成为民勤工作的重大主题。进入 21 世纪，在党中央、国务院的亲切关怀下，随着石羊河流域防沙治沙及生态恢复、国家重点生态功能区转移支付、全国防沙治沙示范区等多个项目的立项实施，民勤现有人工造林面积近 230 万亩，封育成林 78 万亩，并在 408 千米的风沙线上建成长达 300 多千米的防护林带。如今，干涸沙化半个世纪的青土湖，已重现水草舞动、水鸟嬉戏的美景；到 2017 年，青土湖水面达到 26.6 平方千米，形成旱区湿地 106 平方千米，有效阻隔了巴丹吉林和腾格里两大沙漠的合拢。民勤森林覆盖率由 20 世纪 50 年代的 3% 提高到了 2017 年的 17.91%。

过去被风沙逼走的村民，现已陆续迁回。向沙要绿还要"富"，民勤大力发展红枣、枸杞、葡萄等经济林，政府鼓励群众发展以梭梭接种肉苁蓉、白刺接种锁阳等为主的沙生药材种植业。目前，已建设经济林基地 33133.33 公顷，沙生药材种植基地 7426.67 公顷，培育林业产业加工企业

12 家，建成各类林业专业合作经济组织 79 个，组建治沙协会 20 个、治沙专业队伍 60 个。2017 年，全县直接或间接从事压沙造林和沙产业的群众达到 11.4 万人，实现总产值 3.22 亿元，形成了治沙与增收的良性互动。但是，这种恢复代价昂贵，时间极其漫长，任重而道远。

"顺自然生态规律者兴，逆自然生态规律者亡。"这是人类社会发展的一条铁的定律，古今中外概莫能外。"变了！民勤现出天蓝地绿水清。"这种现象的出现，归根到底在于生态环境的显著改善，人们又有了赖以生存发展和安居乐业的较好条件。从这个意义上讲，切实保护生态环境，推动乡村生态振兴，就是构筑人民群众安居乐业的生存线。

三、推动乡村生态振兴，就是大力构筑造福子孙后代的幸福线

发展的本质是人的全面发展，作为人全面发展的物质基础，如果生态环境出现问题，人的全面发展就会受到阻碍。在人的发展过程中，如果人的实践活动违反了自然规律，将造成人与自然关系的破裂。生态环境是人类生活质量和社会文明进步的标志之一，只有搞好生态建设、环境保护，才能为子孙后代繁衍生存、过上幸福美好生活创造最起码的条件。人类一味浪费资源、破坏生态、污染环境，以牺牲资源、生态、环境为代价换取经济的一时发展，那必然是吃祖宗饭、断子孙路，必然受到大自然的严厉惩罚。切实保护生态环境、推动乡村生态振兴、实现可持续发展是党和政府吸取历史教训，从资源浪费、生态破坏、环境污染的历程中顿悟之后作出的全新选择、科学抉择。

1998 年夏季，中国南方的长江流域和北方的松花江流域、嫩江流域发生了历史上罕见的特大洪涝灾害，人民的生命财产遭受巨大损失。洪灾发生的根本原因就在于为了一时的经济利益，破坏了生态环境，降雨直接

冲刷地面，造成大面积的水土流失，进而引发了洪涝。这个教训极其惨痛和沉重。

在云南，由于经济效益较好，橡胶林种植已成为其南部山区发展经济的重要途径。特别是20世纪90年代中后期橡胶价格的持续走高，橡胶林种植面积也迅猛增加，西双版纳部分地区不仅弃"田"改"胶"，还将大量的热带季雨林砍伐后种植成橡胶林，甚至一些不适宜种橡胶林的海拔较高地区也都种上。截至2012年年底，云南橡胶林面积达55.64万公顷，成为全国最大的橡胶种植基地，但近一半的橡胶林用地源于砍伐热带季雨林。大面积种植橡胶林在带来巨大经济效益的同时，对区域生态环境、气候和水文水资源等产生了不可忽视的影响，也严重影响了人们的生存与发展。《中国青年报》2007年6月12日头版刊登了题为《西双版纳大规模毁林种胶，发财却没有水喝了》的报道；同日，《人民日报》第9版发表了景洪市嘎洒小学杨德明《橡胶树多了水源林少了》的呼吁。[①]虽然云南橡胶林种植经济效益显著，但是生态环境的负面影响却日益凸显、教训深刻。

陕西省延安市削山造城、浙江省杭州千岛湖临湖地带违规搞建设、陕西省秦岭北麓西安段圈地建别墅、新疆维吾尔自治区卡山自然保护区违规"瘦身"、内蒙古自治区腾格里沙漠污染、青海省祁连山自然保护区和木里矿区破坏性开采、甘肃省祁连山生态保护区生态环境破坏等严重破坏生态环境的事件，如果任其发展下去，我们就难以从根本上扭转中国生态环境恶化的趋势，也就是对中华民族和子孙后代不负责任，必须高度重视，立即整改，这也是推动乡村生态振兴、构筑造福子孙后代幸福线的迫切

---

① 刁俊科等：《云南橡胶种植的经济社会贡献与生态损失估算》，《生态经济》2016年第4期。

需要。

生态环境保护与经济发展是矛盾统一的两个方面，两者相互促进，相互制约。没有良好的生态环境则经济发展没有物质基础，没有经济发展则生态保护与治理没有资金保障。人们不能把发展仅看成以经济增长为中心的发展，把发展单纯地归结为物质产品的积累，即我们不能单纯地为了发展而浪费资源、破坏生态、污染环境，但也不能单纯为了生态环境保护而牺牲经济增长。改革开放以来，中国经济增长加快，人民群众生活水平显著提高，但生态环境承载力却不断下降。同时，数量型、粗放式、高消耗、高污染、高排放的发展模式又使环境污染严重，资源无效率地开发，更加重了生态环境的恶化。反过来，生态环境的脆弱必然导致经济系统的运行环境削弱，最终导致经济的可持续发展能力丧失，这也是造成中国农村地区贫困发生率居高不下的重要原因。

推动乡村生态振兴，要着力解决突出生态环境问题，不断提升人民群众生态幸福指数。2018 年 5 月，习近平总书记在全国生态环境保护大会上指出："良好生态环境是最普惠的民生福祉，坚持生态惠民、生态利民、生态为民，重点解决损害群众健康的突出环境问题，不断满足人民日益增长的优美生态环境需要。"人民群众的幸福来源于物质生活的充裕、精神生活的富足和生态环境的美好等方面。生态环境是衡量幸福生活的一项硬指标，良好的生态环境是幸福生活的必要条件，建设生态文明、实现乡村生态振兴是人民群众的共同愿望和追求，是最重要、最普及的民生工程。这就要求我们要着力解决损害百姓健康的环境问题，为百姓创造良好的生产和生活环境，努力建设天蓝、地绿、水净的美好家园。这样才能改善人民群众的生存环境，实现环境质量和人民生活质量的同步提高，使人民群众享有更多生态福祉，也才能更好地构筑造福子孙后代的幸福线。

最大限度地保障和改善民生，多谋民生之利，多解民生之忧，解决好人民群众最关心最直接最现实的问题，历来是中国共产党执政优先考虑的重点。因此，把生态环境保护、乡村生态振兴提高到国家经济社会发展的生命线、人民群众安居乐业的生存线和造福子孙后代的幸福线的高度来认识，切实增强乡村生态振兴的紧迫感、责任感和使命感，无疑是惠及最广大人民群众的重要举措。

第二章

第 二 章

正视乡村存在的突出生态问题

21 世纪以来，中国深入推进天然林保护、退耕还林还草和退田还湖等一系列生态保护与恢复工程，生态环境质量总体向好。但是，由于自然、经济、社会、历史等方面的原因，局部地区的生态问题还在不断恶化，造成了生态系统发展的诸多问题。脆弱的生态环境、长期的开发历史、巨大的资源开发压力以及生态保护与恢复的努力，既重塑了中国的生态系统格局，也加剧了生态系统格局及其变化的复杂性。

问题是时代的先声，时代是思想之母。推进乡村生态振兴，建设美丽乡村、美丽中国，绿色才是根本。正视并积极解决当前乡村存在的突出生态问题，关系乡村生态振兴和美丽乡村、美丽中国建设问题。

第一节　自然环境维度的生态问题

由于气候、地理条件等因素的影响，中国的生态环境脆弱，对人类活动的干扰非常敏感。另一方面，悠久的历史、巨大的人口数量和高速发展的经济与社会带来的高强度资源开发，对中国的森林、草地、河流、湿地、农田等自然生态系统造成了损害，导致了水土流失、沙漠化、石漠化、野生动植物生活环境破坏和流域生态环境恶化等一系列严重的生态问题。

一、生态环境脆弱

基于全国生态环境敏感性综合评价分级结果，结合《全国主体功能区规划》《全国生态脆弱区保护规划纲要》《关于划分国家级水土流失重点防治区的公告》等政府相关文件和已有研究成果，在全国尺度上看，我国有18 个重点生态脆弱区，即古尔班通古特沙漠边缘生态脆弱区、塔克拉玛干沙漠边缘生态脆弱区、黑河流域中下游生态脆弱区、腾格里与乌兰布和沙漠边缘生态脆弱区、毛乌素沙地生态脆弱区、阴山北麓—浑善达克沙地生态脆弱区、科尔沁沙地生态脆弱区、呼伦贝尔沙地生态脆弱区、西南横断山生态脆弱区、黄土高原丘陵沟壑生态脆弱区、三峡库区生态脆弱区、大别山生态脆弱区、罗霄山生态脆弱区、黄山山地生态脆弱区、仙霞岭—武夷山生态脆弱区、天山生态脆弱区、西南喀斯特生态脆弱区、羌塘高原西部生态脆弱区，总面积 240.1 万平方千米，占陆域国土面积的 25.0%。[①]

总体来看，中国的生态环境脆弱区面积约占国土总面积的 60% 以上，西北干旱半干旱区、黄土高原区、西南山区和青藏高寒区等地区生态脆弱问题特别突出。生态极敏感区主要分布在中国的西北干旱 / 半干旱地区、西南湿润地区、东南湿润地区以及黄土高原丘陵沟壑区；高度敏感区主要分布在阿尔泰山、天山、阴山南麓、科尔沁沙地、呼伦贝尔沙地、羌塘高原西部、横断山和东南丘陵山地等区域。与此同时，全国森林与草地质量相对低下，生态系统质量为低等级与差等级的面积比例分别占总面积的 43.7% 和 68.2%；质量为优等级的面积比例仅占森林与草地生态系统总面积的 5.8% 和 5.4%。局部地区的生态系统质量仍在下降，如有 17.6% 的森林与 34.7% 的草地生态系统质量都有不同程度的下降。目前，脆弱的生态环境使大规模、高强度的工业化和城镇化开发只能在有限的区域集中展开，然而城市、城镇的扩张和工业化的延伸却不可避免地影响到乡村。推进乡村生态振兴，坚决维护生态安全，坚持人与自然和谐共生，已成当务之急。

---

① 刘军会等：《中国生态环境脆弱区范围界定》，《生物多样性》2015 年第 6 期。

二、自然灾害发生频率仍然较高

雨果说："大自然是善良的慈母，同时也是冷酷的屠夫。"中国自然灾害多发、频发、重发，是一个频繁受到自然灾害侵扰的国家，这与中国独特的地理气候环境和社会经济发展状况密切相关。

从气候因素来看，气候条件恶劣。中国大陆地处中纬度，东濒太平洋，西为世界地势最高的青藏高原，海陆大气系统形成复杂的反馈关系，加之受季风等因素影响，导致台风、暴雨、风雹、低温、冷冻、雪灾等气象灾害多发、频发。近年来，受全球气候变化影响，中国的极端天气气候事件趋多趋强。各类灾害的突发性、反常性、难以预见性常常超出一般认识和传统经验。

近年来，中国的温室气体排放量急剧攀升，排放总量已居世界之首。受气候变化影响，近百年来，中国陆域平均每年增温 0.9—1.5 摄氏度，洪涝、台风和季节性干旱更趋严重，低温冰雪和高温热浪等极端天气事件频发，造成农业生产的不稳定性和成本增加，基础设施建设和运行安全受到影响。根据《第三次气候变化国家评估报告》，1980—2012 年中国沿海海平面上升速率为 2.9 毫米／年，预计 21 世纪末中国海区海平面将比 20 世纪高出 0.4—0.6 米，可能会对长三角、珠三角等地区经济社会发展产生重要影响。

从地理因素来看，中国位于欧亚、太平洋及印度洋三大板块交汇地带，是欧亚地震带、喜马拉雅地震带及环太平洋地震带的重要分布区，地壳活动剧烈，地形变化复杂，因而是世界上地震与地质灾害最严重的地区之一。中国大陆 58% 的国土面积属于基本烈度 7 度以上的地震高风险区，大陆国土面积占全球大陆面积的 1/14，但全球大陆地震有 1/3 以上发生在中国，地震造成的死亡或失踪人数占全球 1/2 以上。同时，中国的地势西高东低，长江、黄河、淮河、海河、珠江、辽河、松花江等七大江河贯穿全国大部分区域，由于降水时间集中，水患灾害严重。

从人口和经济分布来看，中国70%以上的城市、50%以上的人口分布在气象、地震、地质、海洋等灾害高风险区，近半数城市和大量水库、电站、桥梁、大型工矿企业、油田、输油（气）管线等分布在地震带上，七大江河中下游地区集中了全国1/2的人口和近3/4的国内生产总值，受威胁极大。[①]

三、自然灾害凸显的主要特征

同世界其他国家与地区的自然灾害相比，中国的自然灾害凸显出以下主要特征。

（一）灾害种类多，分布范围广

地震、崩塌、滑坡、泥石流等地质灾害，水旱、台风等气象灾害，风暴潮、海冰、赤潮等海洋灾害，病虫鼠害、火灾等生物灾害，环境污染、沙漠化、水土流失等生态环境灾害构成中国的多灾格局。近25年来，除现代火山活动外，地震、台风、洪涝、干旱、风沙、风暴潮、崩塌、滑坡、泥石流、风雹、寒潮、热浪、病虫鼠害、森林草原火灾、赤潮等重要灾害，都曾在中国发生过。

全国各省（自治区、直辖市）都受到灾害的严重影响，洪涝灾害影响着60%以上的大陆地区，台风、风暴潮主要影响广大东南部地区，旱灾、风沙威胁广大"三北"（东北、华北、西北）地区，近年来特大旱灾频发

---

① 黄明：《以习近平新时代中国特色社会主义思想为指导　全面提升自然灾害综合防治能力》，《时事报告》（党委中心组学习）2018年第4期。

于南方各地，尤以西南更甚。华北、西南、西北、台湾等地区地震多发、影响趋重，因复杂的地质构造和广布的山区等地质地理条件，崩塌、滑坡、泥石流等地质灾害频繁发生在占国土面积60%以上的山地、丘陵和高原地区。海域风暴潮和赤潮多见，森林和草原火灾易发。全国超过2/3的城市和半数的人口广受洪水、干旱、地震、崩塌、滑坡、泥石流、台风等灾害的严重威胁。

（二）发生频率高，受灾损失大

由于受季风不稳定影响，中国洪水、干旱、台风等气象灾害频发，绝大多数年份都会发生局地或区域性干旱灾害，年均大约7个台风登陆东南广大沿海地区。中国大部分地区位于亚欧、太平洋及印度洋板块交汇地带，活跃的新构造运动造成频繁的地震活动，因而中国也是世界上大陆地震最多的国家之一，其占全球陆地破坏性地震的33%左右。中国多山，崩塌、滑坡、泥石流在山地、丘陵区年均发生数千处。森林和草原火灾也时有发生。

1989—2014年的25年间（统计数据不含2008年巨灾年），中国年均约4亿人次受灾，超过4000人因灾死亡失踪，约1000万人次被紧急转移安置，280万间房屋倒塌，造成约2300亿元的直接经济损失。1998年长江、松花江和嫩江流域的特大水灾，2008年南方广大地区的特大雪冰灾害，2008年5月12日汶川的里氏8.0级特大地震，均造成重大损失。[①]

---

① 史培军等：《透视中国自然灾害区域分异规律与区划研究》，《地理研究》2017年第8期。

四、土地退化问题依然严重

土地是人类生存与发展的根基，为人类提供了重要的物质基础与空间保障。土地退化，从宏观来看，是一个地区、一个国家或全球尺度上物理、化学、生物、社会、经济以及政治因素交互作用的结果；从微观来看，是指具有某种特定用途的土地，由于不合理的开发利用或人为干扰，如砍伐森林、过度放牧、不合理耕种、环境污染和水资源使用不合理等，导致土地使用价值下降，造成水土流失、土地沙化、土地荒漠化、森林退化、盐渍化、石漠化等一系列不容忽视的问题。

（一）水土流失问题

中国是世界上水土流失最为严重的国家之一。2010 年，全国水土流失（水蚀）总面积为 167.75 万平方千米，占国土面积的 17.5%。其中，极重度和重度侵蚀面积占水土流失总面积的 22.5%，轻度侵蚀面积占水土流失总面积的 58.1%。全国水土流失强度较大的区域主要分布在黄土高原和西南地区，其中极重度水土流失主要发生在黄土高原和四川、云南局部地区；东部地区水土流失强度相对较小。自 2000 年以来，全国水土流失面积从 177.78 万平方千米减少到 2010 年的 167.75 万平方千米，减幅为5.6%。其中，极重度水土流失面积比例减少幅度最大，减少 16.1%。

（二）土地沙化问题

第五次全国荒漠化和沙化土地监测结果显示，截至 2014 年，全国荒漠化土地面积 261.16 万平方千米，占国土面积的 27.20%，较上次监测 5年间年均减少 2424 平方千米；沙化土地面积 172.12 万平方千米，占国土面积的 17.93%，较上次监测 5 年间年均减少 1980 平方千米；有明显沙化趋势的土地面积 30.03 万平方千米，占国土面积的 3.13%。实际有效治理的沙化土地面积 20.37 万平方千米，占沙化土地面积的 11.8%。监测结果表明，中国荒漠化和沙化地区生态环境有明显好转，荒漠化和沙化土地呈现出整体遏制、持续缩减、功能增强的良好态势。

同时也表明，中国土地荒漠化和沙化状况依然严重，保护与治理任务依然艰巨，防治工作依然任重道远。一是防治任务艰巨。中国荒漠化和沙化土地面积分别占国土面积的 1/4 以上和 1/6 以上，成为当前最为严重的生态问题。"十三五"期间，全国需要完成 10 万平方千米的沙化土地治理任务，也就是每年需要治理 2 万平方千米、3000 万亩，任务十分艰巨。二是保护与巩固任务繁重。沙区自然条件恶劣，生态系统脆弱，破坏容易恢复难。有明显沙化趋势的 30.03 万平方千米土地，如果保护利用不当，极易成为新的沙化土地；已有效治理的沙化土地中，初步治理的面积占 55%，极易出现反复，后续巩固与恢复任务十分繁重；还有 28 万平方千米暂不具备治理条件的沙化土地，亟待封禁保护。三是无序开发建设现象严重。沙区开垦、超载放牧、水资源过度开发利用等问题仍然突出。2009—2014 年间沙区耕地和沙化耕地面积分别增加了 3.60% 和 8.76%。2014 年牧区县平均牲畜超载率达 20.6%；内陆湖泊面积萎缩，河流断流现象时有发生，地下水位逐年下降。据专家研究，新疆塔里木河农业用水占比高达 97%，近 30 年内蒙古湖泊个数和面积都减少了 30% 左右，科尔沁沙地农区地下水 10 年间下降了 2.07 米。这些都对沙区生态建设和植被保护构成了巨大威胁。①

目前，中国依然是全球土地沙化、荒漠化、石漠化危害最严重的国家

---

① 《国新办举行第五次全国荒漠化和沙化土地监测情况发布会》，2015 年 12 月 29 日，见 http://www.scio.gov.cn/xwfbh/xwbfbh/wqfbh/2015/33953/。

之一。中国各省、自治区、直辖市的沙化土地分布如表 2—1 所示。通过表 2—1 研究发现，中国沙化土地主要集中在新疆维吾尔自治区、内蒙古自治区、西藏自治区、青海省、甘肃省、河北省、陕西省、宁夏回族自治区等地，其沙化土地面积约占中国总沙化土地面积的 93.7%。虽然近些年来中国土地荒漠化和沙化整体得到有效遏制，但是依然面临复杂严峻的形势。土地沙化是一个动态变化的过程，需要各级党委、政府和社会各界切实坚定防治信心，进一步采取有力有效措施，坚决做好防沙治沙工作。

表 2—1　中国沙化土地分布一览表　　单位：平方千米

地区	沙化土地	流动沙丘（地）	半固定沙丘（地）	固定沙丘（地）	露沙地
全国	17310.77	4061.34	1771.57	2779.25	977.62
北京	5.24			5.24	
天津	1.54			0.73	
河北	212.53		1.43	99.63	
山西	61.78		3.23	48.87	0.38
内蒙古	4146.38	847.99	585.11	1224.15	587.49
辽宁	54.95	0.11	0.99	38.09	0.11
吉林	70.80		1.48	34.52	
黑龙江	49.57		0.78	41.42	
上海					
江苏	58.44			8.06	
浙江	0.01			0.01	
安徽	12.05			5.05	
福建	4.15	0.11	0.05	1.48	
江西	7.25	0.06	0.28	2.76	
山东	76.76	0.08	0.90	24.35	
河南	62.86	0.06	0.90	12.62	

（续表）

地区	沙化土地	流动沙丘（地）	半固定沙丘（地）	固定沙丘（地）	露沙地
湖北	18.99	0.12	0.13	7.00	0.01
湖南	5.88	0.02	0.09	5.42	
广东	10.03	0.34	0.11	4.29	
广西	19.49	0.07	0.03	4.40	
海南	5.99			4.87	
重庆	0.25	0.01		0.02	
四川	91.38	1.06	3.76	19.45	61.64
贵州	0.62	0.10	0.03	0.14	
云南	4.42	0.34	0.11	1.45	0.11
西藏	2161.86	39.03	101.24	39.13	144.78
陕西	141.32	2.83	12.87	122.16	
甘肃	1192.24	189.48	120.67	175.18	
青海	1250.35	120.11	115.62	118.07	199.28
宁夏	116.23	10.78	11.44	74.03	
新疆	7466.97	2848.64	810.33	656.68	

资料来源：国家统计局、环境保护部编：《中国环境统计年鉴2014》，中国统计出版社2014年版。

（三）石漠化问题

根据岩溶地区第三次石漠化监测结果显示，截至2016年，中国石漠化土地面积为1007万公顷，占岩溶面积的22.3%，潜在石漠化土地面积1466.9万公顷。同2011年相比，5年间石漠化土地净减少193.2万公顷，年均减少38.6万公顷，年均缩减率为3.45%。石漠化扩展的趋势得到有效遏制，岩溶地区石漠化土地呈现面积持续减少、危害不断减轻、生态状况稳步好转的态势。林草植被保护和人工造林种草对石漠化逆转的贡献率达到65.5%。

中国石漠化主要发生在以云贵高原为中心，北起秦岭山脉南麓、南至广西盆地、西至横断山脉、东抵罗霄山脉西侧的岩溶地区，涉及贵州省、云南省、广西壮族自治区、湖南省、湖北省、重庆市、四川省和广东省8个省（自治区、直辖市）的465个县（市、区），区域国土面积107.1万平方千米，岩溶面积45.2万平方千米。该区域既是重要生态功能区，又是生态环境脆弱敏感区，是珠江的源头、长江的重要水源补给区。[①]总体来看，全国石漠化程度虽有所改善，但部分地区仍有恶化的趋势，不可小觑。

五、生物多样性面临严峻挑战

"生物多样性"常用来表示动物、植物、微生物与环境形成的生态复合体的特征，包括生态系统多样性、物种多样性和基因多样性三个层次。生物多样性是人类社会生存与发展的战略资源，是衡量一个国家可持续发展能力的重要指标，能有力有效维护自然界的生态平衡，在减缓气候变化、保护和涵养水源、维护生态功能、保障生态安全等方面具有重要作用，是推进乡村生态振兴、建设美丽乡村和美丽中国的重要基础。

自1970年以来，中国的陆生脊椎动物种群数量下降最快，达到了50%，与此同时，中国人均生态足迹上升一倍有余，除了青海省、西藏自治区外，其他省（自治区、直辖市）均已出现生态赤字，中国生物多样性面临严峻挑战。因此，保持生物多样性、维持生态均衡已经成为中国当前和较长一段时间极为重要的生态环境保护任务。

从生态系统多样性来看，中国拥有地球陆地生态系统的各种类型，其

---

① 尚文博、孙鹏：《我国岩溶地区第三次石漠化监测结果公布》，《中国绿色时报》2018年12月14日。

中森林 212 类、竹林 36 类、灌丛 113 类、草甸 77 类、草原 55 类、荒漠 52 类、自然湿地 30 类；有黄海、东海、南海和黑潮流域 4 大海洋生态系统；有农田、人工林、人工湿地、人工草地和城市等人工生态系统。

从物种多样性来看，中国已知物种及种下单元数 98317 种。其中，动物界 42048 种，植物界 44510 种，细菌界 469 种，色素界 2263 种，真菌界 6339 种，原生动物界 1883 种，病毒界 805 种。列入国家重点保护野生动物名录的珍稀濒危陆生野生动物 406 种，大熊猫、金丝猴、藏羚羊、褐马鸡、扬子鳄等数百种动物为中国所特有。列入国家重点保护野生植物名录的珍贵濒危植物 246 种 8 类，已查明大型真菌种类 9302 种。

从遗传资源多样性来看，中国有栽培作物 528 类 1339 个栽培种，经济树种达 1000 种以上，原产观赏植物种类达 7000 种，家养动物 576 种。

从受威胁物种来看，一是全国 34450 种已知高等植物的评估结果显示，需要重点关注和保护的高等植物 10102 种，占评估物种总数的 29.3%，其中受威胁的 3767 种、近危等级（NT）的 2723 种、数据缺乏等级（DD）的 3612 种。二是 4357 种已知脊椎动物（除海洋鱼类）的评估结果显示，需要重点关注和保护的脊椎动物 2471 种，占评估物种总数的 56.7%，其中受威胁的 932 种、近危等级的 598 种、数据缺乏等级的 941 种。三是 9302 种已知大型真菌的评估结果显示，需要重点关注和保护的大型真菌 6538 种，占评估物种总数的 70.3%，其中受威胁的 97 种、近危等级的 101 种、数据缺乏等级的 6340 种。总体来看，物种数量急剧减少，有的物种已经灭绝。目前，全国高等植物和脊椎动物种类中，濒危和受威胁的物种已占到 10%—15%。随着经济的发展和城市化进程的加快，农村土地不断被挤压，局部地区野生动植物栖息地环境不断恶化，大量物种的遗传资源不断丧失，捕杀和食用野生动物现象时有发生，部分珍稀或特有种质资源状况堪忧，物种保护形势十分严峻。

从外来入侵物种来看，外来物种入侵事件频繁发生，对自然生态系统平衡、本土物种基因构成严重威胁。全国已发现 560 多种外来入侵物种，且呈逐年上升趋势，其中 213 种已入侵国家级自然保护区。

从自然保护区建设来看，自然保护区是生物多样性保护的核心区域，通过建立自然保护区，可为保护生物多样性创造有利条件。截至 2017 年年底，全国建立各种类型、不同级别的自然保护区 2750 个，总面积 147.17 万平方千米。其中，自然保护区陆域面积 142.70 万平方千米，占陆域国土面积的 14.86%；国家级自然保护区 463 个，总面积约 97.45 万平方千米。目前，人类活动对自然保护区的负面影响至少有三个方面：一是非法猎捕和杀害珍稀濒危野生动物。二是自然保护区的生境破碎化，所谓生境破碎化是指由于人为因素或环境变化，景观中面积较大的自然栖息地不断被分隔破碎或生态功能降低。三是自然保护区周边经济发展，如自然保护区周边农业经济的发展，会对保护区的生态环境造成一定的负面影响；同时，工业重金属污染源也会对自然保护区造成严重威胁。

六、水资源安全面临严峻挑战

水资源安全是指能够持续保障人民生活质量、支撑经济社会发展、维护生态系统良性发展、有效防范各种威胁公共安全与公众健康的灾害和突发事件，从而长期保障经济安全与社会稳定并能经受短期剧烈冲击的水资源、水环境和水生态状态。随着人口的增加、经济的发展和城市化进程的加快，水资源短缺、水环境污染、水生态受损情况日益严重，水资源安全正在成为新时期经济社会发展的基础性、全局性和战略性问题。

（一）水资源严重短缺

水是生命之源、梦想之基。水是人类社会赖以生存和发展的物质基础，是经济发展不可替代的重要资源，水资源问题已成为制约和影响世界许多国家经济社会可持续发展的战略性问题。虽然中国水资源总量位居世界第六位，但人均水资源占有量仅为世界平均水平的 1/4，人多水少，水资源时空分布不均，在世界银行连续统计的 153 个国家中位居第 88 位，淡水资源短缺，被列为全球最缺水的国家之一（如表 2-2 所示）。中国的农业自然灾害，有 70% 是水旱灾害，而农业自然灾害已成为威胁国家粮食安全与经济发展的重大风险源。据估算，中国每年因缺水造成的工业产值损失就达 2000 多亿元；全国 657 个城市约有 2/3 的城市供水不足，这其中有 100 余个城市属于联合国人居署评价标准中的"严重缺水"城市。

从表 2-2 可以看出，2001—2013 年，中国的水资源总量虽然有一定的上下浮动，但是总体上处于相对平稳的状态，尤其是 2011 年总量由 2010 年的 30906 亿立方米急剧减少到 23257 亿立方米。尽管有"降水量少"等不可抗因素，但是这从侧面进一步反映出水资源保护还存在一定的问题。如何对水资源予以科学保护，保证水资源总量的持续稳定增长，是经济社会发展面临的一个长期而重大的课题。

表 2-2　中国 2001—2013 年水资源分布情况一览表

年份	水资源总量（亿立方米）	地表水资源量（亿立方米）	地下水资源量（亿立方米）	地表水与地下水资源重复量（亿立方米）	降水量（亿立方米）	人均水资源量（立方米/人）
2001	26868	25933	8390	7456	58122	2112.5
2002	28261	27243	8697	7679	62610	2207.3
2003	27460	26251	8299	7090	60416	2131.3
2004	24130	23126	7436	6433	56876	1856.3
2005	28053	26982	8091	7020	61010	2151.8
2006	25330	24358	7643	6671	57840	1932.1

（续表）

年份	水资源总量（亿立方米）	地表水资源量（亿立方米）	地下水资源量（亿立方米）	地表水与地下水资源重复量（亿立方米）	降水量（亿立方米）	人均水资源量（立方米/人）
2007	25255	24242	7617	6604	57763	1916.3
2008	27434	26377	8122	7065	62000	2071.1
2009	24180	23125	7267	6212	55959	1816.2
2010	30906	29798	8417	7308	65850	2310.4
2011	23257	22214	7214	6171	55133	1730.2
2012	29529	28373	8296	7141	65150	2186.2
2013	27958	26839	8081	6963	62674	2059.7

资料来源：国家统计局、环境保护部编：《中国环境统计年鉴 2014》，中国统计出版社 2014 年版。

（二）流域生态破坏严重，生态风险巨大

由于水资源与水电资源的大规模开发，中国河流生态系统面临巨大冲击，河流断流、湿地丧失，废水排放显著增加，水环境污染严重，生物多样性减少且生态调节功能降低。长江流域、黄河流域和海河流域的生态环境恶化趋势尤为显著。

长江流域的主要生态问题表现为自然湿地丧失严重、自然生态系统质量低、水土流失以及滑坡泥石流等地质灾害严重、河道断流普遍发生、湖泊水环境污染严重、水生生物多样性丧失加剧。自 2000 年以来，长江流域沼泽湿地丧失 742.1 平方千米，湖泊丧失 220.7 平方千米，水土流失面积占全流域面积的 32.3%。水资源开发强度大，生态隐患大。长江上游支流水电开发强度大，河道断流普遍发生。断流、水环境严重污染以及水库和水电站建设，导致河道片段化、江湖阻隔和水环境恶化，野生动植物栖息地丧失与退化。长江水生生物多样性丧失严重，白鳍豚已功能性灭绝，

江豚、中华鲟等珍稀濒危物种种群数量不断下降，濒临灭绝。

黄河流域的主要生态问题有生态系统质量低、水土流失严重、水资源过度开发、河流断流加剧、水环境污染严重等。黄河流域优、良等级森林生态系统面积比例仅为 7.4%，优、良等级草地生态系统面积比例仅为 30.0%，水土流失面积比例达 63.7%。由于水资源开发利用增加，全国断流河流愈来愈多、断流河道长度不断增加、断流时间不断延长。黄河 27 条主要支流中，11 条常年干涸，黄河下游干流已经成为人工控制的"水渠"。

海河流域的主要生态问题有生态系统质量低、水资源过度开发、地下水位持续下降、河流断流与水环境污染严重等。海河流域优、良等级森林生态系统面积比例仅为 4.6%，水土流失面积比例为 30.7%，水资源总开发利用程度为 98%，全流域浅层地下水超采严重，总开发利用程度高达 110.4%。截至 2011 年，海河流域受水区浅层地下水超采区面积为 5.83 万平方千米，占总面积的 45.54%。50% 以上河流断流天数呈显著增加趋势。

（三）水体质量总体状况堪忧

水安全问题正在成为中华民族的"心腹之患"。目前，中国有 333 万余条自然和人工河流、湖泊、水库、水渠等水系。据新华社记者深入调研报道："全国十大水系水质一半污染；国控重点湖泊水质四成污染；31 个大型淡水湖泊水质 17 个污染；9 个重要海湾中，辽东湾、渤海湾和胶州湾水质差，长江口、杭州湾、闽江口和珠江口水质极差……"①

虽然中国高度重视对水体质量的大力改善，但主要河流与海洋的水

---

① 刘诗平等：《中国水安全问题调查：全国十大水系水质一半受污染》，2014 年 11 月 18 日，见 http://politics.people.com.cn/n/2014/1118/c70731-26049126.html。

质依然存在一定的问题。根据《中国环境统计年鉴 2014》的统计数据，中国主要水系监测结果表明，劣 V 类水依然占有一定的比重（见如 2—3）。从表 2—3 可以看出，在中国的主要水系中，Ⅰ 类水质所占的比例很低，而 V 类和劣 V 类水质还占有一定的比例，特别是在海河、黄河和淮河中占比较大。而 2001—2013 年，中国海域中未达到第一类海水水质标准的海域面积仍然呈波动上升趋势，具体数据如表 2—4 所示。

表 2—3　中国主要水系的分类水质比例一览表

主要水系	监测断面个数	分类水质断面占全部断面的百分比（%）					
		Ⅰ 类	Ⅱ 类	Ⅲ 类	Ⅳ 类	V 类	劣 V 类
长江	160	1.9	50.6	36.9	6.3	1.2	3.1
黄河	61	1.6	25.8	30.7	17.7	8.1	16.1
珠江	54		79.6	14.8			5.6
松花江	88		5.7	50.0	30.7	7.9	5.7
淮河	95		6.4	53.2	18.1	10.6	11.7
海河	64	1.6	18.8	18.7	9.3	12.5	39.1
辽河	55	1.8	36.4	7.3	45.5	3.6	5.4

资料来源：国家统计局、环境保护部编：《中国环境统计年鉴 2014》，中国统计出版社 2014 年版。

表 2—4　2001—2013 年全海域未达到第一类海水水质标准的海域面积

年份	全海域未达到第一类海水水质标准的海域面积（平方千米）				
	合计	Ⅱ 类	Ⅲ 类	Ⅳ 类	劣Ⅳ类
2001	173390	99440	25710	15650	32590
2002	174390	111020	19870	17780	25720
2003	142080	80480	22010	14910	24680
2004	169000	65630	40500	30810	32060
2005	139280	57800	34060	18150	29270
2006	148970	51020	52140	17440	28370

（续表）

年份	全海域未达到第一类海水水质标准的海域面积（平方千米）				
	合计	Ⅱ类	Ⅲ类	Ⅳ类	劣Ⅳ类
2007	145280	51290	47510	16760	29720
2008	137000	65480	28840	17420	25260
2009	146980	70920	25500	20840	29720
2010	177720	70430	36190	23070	48030
2011	144290	47840	34310	18340	43800
2012	169520	46910	30030	24700	67880
2013	143620	47160	36490	15630	44340

资料来源：国家统计局、环境保护部编：《中国环境统计年鉴2014》，中国统计出版社2014年版。

湖泊流域具有十分重要的生态服务功能。20世纪90年代以来，中国经济高速发展，但污染治理工作却没有得到足够重视。流域内污染物的大量排放、人类的不合理活动以及水工程的影响，造成部分湖泊水化学失调、水生态系统非良性演替。局部湖区生境呈藻型化发展，重污染区域水体水华爆发，湖泊水质恶化与生态功能退化，严重影响了湖泊的供水安全和生态健康，特别是以太湖、巢湖和滇池最为典型。[①] 如《2018中国生态环境状况公报》显示：2018年，监测水质的111个重要湖泊（水库）中，Ⅰ类水质的湖泊（水库）7个，占6.3%；Ⅱ类34个，占30.6%；Ⅲ类33个，占29.7%；Ⅳ类19个，占17.1%；Ⅴ类9个，占8.1%；劣Ⅴ类9个，占8.1%。近年来，虽然我们切实加强了湖泊治理和保护，湖泊水质情况有所好转，但是仍然不能有丝毫松懈，否则就会反弹（如表2—5所示）。总体来看，形势十分严峻，水污染已由支流向主干河流延伸，由城市向农

---

① 郑丙辉：《中国湖泊环境治理与保护的思考》，《民主与科学》2018年第5期。

村蔓延，由地表水向地下水渗透，由陆地向海域发展。因此，想方设法进一步提升水质，已经成为水资源可持续保护的重要问题。

表 2-5　中国 2018 年重要湖泊（水库）水质情况一览表

水质类别	三湖	重要湖泊	重要水库
Ⅰ类Ⅱ类	——	班公错、红枫湖、香山湖、高唐湖、花亭湖、柘林湖、抚仙湖、泸沽湖、洱海、邛海	云蒙湖、大伙房水库、密云水库、昭平台水库、瀼湖、王瑶水库、南湾水库、大广坝水库、龙岩滩水库、水丰湖、高州水库、里石门水库、大隆水库、石门水库、龙羊峡水库、怀柔水库、长潭水库、双塔水库、丹江口水库、解放村水库、黄龙滩水库、鲇鱼山水库、隔河岩水库、千岛湖、太平湖、松涛水库、党河水库、东江水库、湖南镇水库、漳河水库、新丰江水库
Ⅲ类	——	色林错、骆马湖、衡水湖、东平湖、斧头湖、瓦埠湖、东钱湖、梁子湖、南四湖、百花湖、武昌湖、阳宗海、万峰湖、西湖、博斯腾湖、赛里木湖	于桥水库、察尔森水库、三门峡水库、崂山水库、鹤地水库、磨盘山水库、鸭子荡水库、红崖山水库、山美水库、小浪底水库、鲁班水库、尔王庄水库、董铺水库、白龟山水库、白莲河水库、富水水库、铜山源水库
Ⅳ类	太湖、滇池	白洋淀、白马湖、沙湖、阳澄湖、焦岗湖、菜子湖、南漪湖、鄱阳湖、镜泊湖、乌梁素海、小兴凯湖、洞庭湖、黄大湖	松花湖、玉滩水库、莲花水库、峡山水库
Ⅴ类	巢湖	杞麓湖、龙感湖、仙女湖、淀山湖、高邮湖、洪泽湖、洪湖、兴凯湖	——
劣Ⅴ类	——	艾比湖、呼伦湖、星云湖、异龙湖、大通湖、程海、乌伦古湖、纳木措、羊卓雍措	——

注：程海、乌伦古湖和纳木措氟化物天然背景值较高，程海和羊卓雍措 pH 天然背景值较高。

资料来源：《2018 中国生态环境状况公报》，2019 年 5 月 29 日，见 http://www.mee.gov.cn/hjzl/zghjzkgb/lnzghjzkgb/201905/P020190619587632630618.pdf。

第二节　经济社会维度的生态问题

中国幅员辽阔，无论是人口分布、经济社会发展水平，还是资源环境禀赋、生态系统的多样性和脆弱性，各省（自治区、直辖市）都不均衡，存在很大的差异。特别是改革开放以来，中国经济实现了 GDP 平均增速 9% 以上的超高速增长，经济社会发展取得了巨大成就，被世界誉为"中国奇迹"。然而，取得经济增长奇迹的同时，中国经济发展和生态环境之间的矛盾也日益凸显，数量型、粗放型（式）的发展方式使中国在生态环境方面付出了沉重的代价。资源浪费与紧缺、生态破坏与失衡、环境污染与漠视等问题日趋严重，不断逼近生态资源承载红线，经济社会的可持续发展受到严峻挑战。

发达国家一两百年积累下来的生态环境问题，已在中国集中凸显，呈现出结构型、复合型、压缩型的特点。总体来看，自 2012 年党的十八大以来，中国生态环境质量逐渐变好，但是经济发展同环境承载力矛盾突出，经济发展与环境保护矛盾加剧，突发性和累积性环境风险并存，大气、水、土壤以及生态系统安全形势复杂而严峻，与新时代提出的高质量发展的生态环境目标仍有一定差距。

党的十七大提出"建设生态文明，基本形成节约能源资源和保护生态环境的产业结构、增长方式、消费模式。循环经济形成较大规模，可再生能源比重显著上升。主要污染物得到有效控制，生态环境质量明显改善。生态文明观念在全社会牢固树立"[①]。2016 年 8 月 19 日，习近平总书记在

[①]　胡锦涛：《高举中国特色社会主义伟大旗帜　为夺取全面建设小康社会新胜利而奋斗——在中国共产党第十七次全国代表大会上的报告》，人民出版社 2007 年版，第 20 页。

全国卫生与健康大会上指出，"良好的生态环境是人类生存与健康的基础。经过三十多年快速发展，我国经济建设取得了历史性成就，同时也积累了不少生态环境问题，其中不少环境问题影响甚至严重影响群众健康。老百姓长期呼吸污浊的空气、吃带有污染物的农产品、喝不干净的水，怎么会有健康的体魄"？此前，姜春云也指出，"中国是世界上生态、环境恶化严重的国家之一。无论是水土流失、植被破坏、土地沙化、荒漠化，还是环境污染，其面积之大、程度之深、危害之重、趋势之烈，都是令人惊讶、发人深省、不可等闲视之的"①。

这些问题与中国人均资源相对短缺、自然资源分布不平衡、生态环境整体功能下降且脆弱等现实状况交织在一起，严重威胁到中国经济社会的可持续发展，更是制约着中国的乡村生态振兴和美丽乡村、美丽中国建设，主要表现在以下几个方面。

一、数量型、粗放型的经济增长方式过度消耗自然资源

数量型、粗放型的经济增长，主要靠投入的不断增加，特别是资本的投入。而资本的投入起初表现为货币，再转化为生产设备、生产资料，这些生产设备、生产资料最终源于人类赖以生存与发展的地球物质资源，可见，物质资源的投入是数量型、粗放型经济增长模式下增长动力的最主要来源。当一个经济体正处于工业化和城市化的快速发展阶段，对物质资源的需求会急剧增长。数量型、粗放型的经济增长模式在某种程度上不可避免，凡是发达国家都经历过类似的发展阶段，中国经济高速发展的40余年也走过了相似的历程。

---

① 祝光耀：《顺自然规律者兴　逆自然规律者亡——读姜春云同志新著〈生存法则——生态新论〉》，2014年2月20日，见 http://epaper.cenews.com.cn/html/2014-02/20/content_5896.htm。

近年来，中国经济正向集约型、环境友好型的发展模式转变，向着高质量发展阶段迈进，但是数量型、粗放型增长在一定程度上仍然存在。从产业结构来看，中国的产业结构不合理，能源结构中煤炭消费仍占 60%，污染物排放总量仍居世界前列，持续挤压着生态环境承载容量。据《BP世界能源统计年鉴 2018》数据显示，中国仍然是世界上最大的能源消费国，2017 年占全球能源消费量的 23.2% 和全球能源消费增长的 33.6%。据《中国统计年鉴 2018》数据显示，2018 年，中国的粗钢产量已达 9.28 亿吨，占到全球产量的 51.3%，水泥产量已达 22.1 亿吨，占到全球产量的44%，10 种有色金属产量达 5702.7 万吨，是全球最大的有色金属生产国，同时也是全球最大的粗钢、水泥、有色金属的消费国，其他主要资源的消耗也普遍位于世界榜首（如表 2—6 所示）。

表 2—6　2000—2017 年中国能源消耗情况

年份	能源消费总量（万吨标准煤）	煤炭占比（%）	石油占比（%）	天然气占比（%）	水电、核电、风电占比（%）
2000	146964	68.5	22.0	2.2	7.3
2001	155547	68.0	21.2	2.4	8.4
2002	169577	68.5	21.0	2.3	8.2
2003	197083	70.2	20.1	2.3	7.4
2004	230281	70.2	19.9	2.3	7.6
2005	261369	72.4	17.8	2.4	7.4
2006	286467	72.4	17.5	2.7	7.4
2007	311442	72.5	17.0	3.0	7.5
2008	320611	71.5	16.7	3.4	8.4
2009	336126	71.6	16.4	3.5	8.5
2010	360648	69.2	17.4	4.0	9.4

（续表）

年份	能源消费总量 （万吨标准煤）	煤炭占比 （%）	石油占比 （%）	天然气 占比（%）	水电、核电、风电 占比（%）
2011	387043	70.2	16.8	4.6	8.4
2012	402138	68.5	17.0	4.8	9.7
2013	416913	67.4	17.1	5.3	10.2
2014	425806	65.6	17.4	5.7	11.3
2015	429905	63.7	18.3	5.9	12.1
2016	435819	62.0	18.5	6.2	13.3
2017	449000	60.4	18.8	7.0	13.8

资料来源：国家统计局编：《中国统计年鉴2018》，中国统计出版社2018年版。

目前，中国面临着资源供给与消耗之间的矛盾逐渐加剧，并已逼近红线的紧迫局势。一方面，中国的资源总量虽然排在世界前列，但是如果从人均占有量来看，则变成了资源匮乏国。如中国的人均耕地面积不足世界平均水平的40%，人均淡水资源仅为世界平均水平的1/4，石油、天然气人均储量仅为世界平均水平的11%和4.5%，铁矿石、铜和铝土矿人均储量基本达到世界平均水平；另一方面，中国正处于工业化和城镇化快速发展阶段，资源消耗在持续增加，资源短缺的矛盾在不断加剧。中国一次能源消费占世界的比重由2000年的11%上升到2017年的23.2%，过去10年的平均增速为4.4%。其中，中国煤炭消耗占世界的比重从2000年的28%迅速上升到2016年的50.6%，2017年该数据降低到45%，但仍是第2名的5倍；铁矿石的进口依赖度从2000年的35%上升到2016年的80%多。

可见，中国经济发展中的资源高投入和高消耗与所处经济发展阶段有关，具有一定的必然性，但是这种高数量、高强度的资源投入，必然会对全球和中国的资源和经济可持续性形成更为严峻的挑战，对生态环境造成严重的破坏。当前，中国已进入工业化的中后期，需要下大力气将经济增长方式切实转变到资源节约型、环境友好型的高质量发展轨道上来，只有这样，才有利于乡村生态振兴。

二、数量型、粗放型的经济增长方式严重破坏生态环境

在推进工业化、城市化的过程中，工业产品的生产量会大幅上升，在工业产品的生产过程中，不可避免地会排放废气、废渣和废水，从而对生态环境造成破坏。许多西方发达国家在相同的发展阶段都出现了类似的问题。

改革开放初期，中国百废待兴，经济基础薄弱，资本奇缺，几乎所有产品和原材料都处于短缺的状态，发展生产、增加产品数量是当时的首要任务，不可能实行很严格的环保制度。当时，经济发展与生态环境的矛盾不突出，因生产规模还相对较小，工业排放还处于自然、生态和社会可接受的范围之内，同时，环保技术也正在探索之中。然而，随着改革开放的不断深入，中国经济规模扩大，发展速度加快，生产量也急剧增长，农村的生态环境也愈加恶化，现在已经严重影响到人民的生活和健康，影响到经济和生态环境的可持续发展，不利于乡村生态振兴和美丽乡村建设、美丽中国建设。

如经济建设与发展离不开矿产资源的开发和利用，矿产资源的开发和利用能够为社会进步和人民生活质量的改善提供物质基础，对维系国民经济增长极为重要，但在开采和利用过程中会不可避免地破坏环境，造成一系列的生态环境问题，如大气污染、温室效应、水环境恶化、固体废弃物污染、水土流失和土地荒漠化等，并进一步会对水源涵养、土壤保持、生物多样性等生态功能构成威胁，更有甚者会诱发采空区地面塌陷、沉降、山体开裂、崩塌、滑坡、泥石流、尾矿库溃坝等生态风险

灾害。① 这些都会对乡村生态振兴造成干扰甚至阻碍。

　　长江经济带横跨东中西三大地势阶梯，地貌形态多样，地质条件复杂，涉及重要成矿带 10 个，矿产资源种类多、储量大，成矿条件较好，是中国重要的矿产资源基地，肩负着保障国家资源供给安全的重任。据统计，长江经济带有 29 种矿产的储量占全国总储量的 20%—60% 以上，其中页岩气储量占全国的 100%；锑、钨、锡、磷、萤石、稀土等战略性矿产产量占全国比例均超过 70%。长江经济带沿线已经形成安徽淮北煤—煤化工矿业经济区、湖北鄂州—黄石铁铜金矿业经济区、四川攀枝花钒钛矿业经济区等 29 个全国重点矿业经济区。从空间布局来看，大量矿业城市、重点矿区邻近长江干流、乌江及湘江流域。邻近长江流域的主要矿业城市有 31 个、重点矿区 37 个，钢铁、有色金属、建材、化工和电力等项目密布长江沿线。2016 年，长江经济带矿业的工业总产值达到 3359.3 亿元，占全国矿业工业总产值的 28.62%，矿业发展为地方经济社会发展作出巨大贡献。但由于区域矿产资源开发空间布局不合理、产业结构失衡，对生态环境产生了极大的负面影响，导致部分支流和湖泊水生态环境遭到严重破坏，长江经济带矿区、矿业园区、矿业城市和广大乡村的生态安全、环境安全和人居安全受到威胁，这无疑给长江经济带生态环境保护带来了更大的压力。

　　同时，由于早期矿业规划不合理、矿业权管理混乱，长江经济带矿区与自然保护区仍存在着重叠的现象，导致矿产资源开发挤占生态空间。长江经济带 11 个省、直辖市自然保护区面积 24.62 万平方千米，涉及探矿权面积 2.45 万平方千米，占自然保护区面积的 9.95%；涉及采矿权面积

---

① 葛荣凤等：《京津冀地区矿产资源开发的生态环境影响研究》，《中国环境管理》2017 年第 3 期。

0.6 万平方千米，与矿区面积重叠的面积占比 2.41%。采矿活动在自然保护区内的布局，严重影响了区域生态安全保障能力，导致大面积的土地被占用、损毁，破坏了生物栖息环境，造成生物多样性降低、矿区生态功能紊乱、生态环境质量低下。

2016 年长江经济带矿山废水排放量约 13 亿吨，固体废弃物产生量为 6.28 亿吨，固体废弃物多年累积积存量达 554.7 亿吨，未经处理的废水外排以及不合理的固废堆放，使原本赋存在废水和固废中的重金属、有毒有害化学元素转移到矿区农村的土壤和水体中，造成流域水质下降、重金属超标等严重的环境问题。如安徽煤矿、铁矿、铜矿开采区流域水质恶化，污染严重，矿区附近流域、湖泊Ⅳ—劣Ⅴ类水质占比较多；湖南、江西等有色金属富集的乡村地区"镉大米""重金属蔬菜"等由土壤污染引发的农产品质量安全问题和群体性事件逐年增多。[①]

据《2017 中国生态环境状况公报》显示，2017 年 338 个城市环境空气质量级别比例中轻度污染及以上达到 22%，$PM_{2.5}$ 大于 $35ug/m^3$ 的比例为 64.2%，发生重度污染 2311 天次、严重污染 802 天次。全国地表水 1940 个水质断面（点位）中，Ⅳ类、Ⅴ类 462 个，占 23.8%，劣Ⅴ类 161 个，占 8.3%；地下水监测点取样情况显示，较差级和极差级的比例分别为 51.8% 和 14.8%；近岸海水四类为 6.5%，劣Ⅳ类为 15.6%。2016 年，2591 个县域中，生态环境质量为"一般""较差"和"差"的县域分别有 766 个、341 个和 26 个。

乡村生态振兴在全面建成小康社会中具有极其重要的战略地位。当前，从全国范围来看，经济与社会快速发展的另一面是农村生态环境亮起

---

① 成金华、彭昕杰：《长江经济带矿产资源开发对生态环境的影响及对策》，《环境经济研究》2019 年第 2 期。

了"红灯"，地方企业污染、城市城镇转移污染、农业面源污染、农户生活污染等问题非常严峻，且错综复杂。这不仅破坏了农村社会千百年来的优美生活环境和生产环境，还容易引发群体性事件，极大地影响了农村社会的和谐与稳定。

三、片面追求 GDP 增长的政绩观不利于生态环境保护

发展不仅是经济的发展，而是经济社会全面协调可持续的发展。2013年 5 月 24 日，习近平总书记在中共中央政治局第六次集体学习时强调指出："要正确处理好经济发展同生态环境保护的关系，牢固树立保护生态环境就是保护生产力、改善生态环境就是发展生产力的理念，更加自觉地推动绿色发展、循环发展、低碳发展，决不以牺牲环境为代价去换取一时的经济增长。"2014 年 3 月，国务院总理李克强在十二届全国人大二次会议记者见面会上也指出："我们不片面追求 GDP，但是需要贴近老百姓的GDP。"

在过去的几十年中，GDP 的增速成为考察地方官员政绩的主要指标，地方官员政绩好与不好，工作做得到位与不到位，GDP 几乎成了唯一的考核标准，并成为官场的"潜规则"。因此，以 GDP 为主的领导干部考核标准和竞争机制在全国范围内形成。"思路决定出路，导向决定方向。"要快速提高 GDP 增长速度，固定资产投资的效果最为明显，于是各级地方政府纷纷出台招商引资政策，盲目地上项目、办企业、搞投资，对选址地区要求不强的制造业企业尤其是重化工企业就成为各地政府争夺的重点。为让这些企业及时落地投资，一些地方政府或无偿或低价提供土地，免费提供便利的基础设施，人为压低劳动力成本，甚至默许和纵容企业对生态的破坏和对环境的污染。在有的中小城市和城镇，地方政府财政由于来源单一并且严重依赖于一些工业企业，对某些污染企业采取漠视态度，导致

污染物的排放严重超过国家标准，不但对生态环境造成严重破坏，同时严重影响了乡村人民群众的身体健康。

据媒体报道，2009 年，陕西省凤翔县"血铅事件"造成 615 名儿童血铅超标，东岭冶炼公司被认定为这次"血铅事件"的"祸首"；2010 年 2 月 24 日，湖南省嘉禾县 250 名儿童血铅超标，引发中毒事件的炼铅企业腾达公司，曾被县市两级环保局几度叫停，但仍继续生产。①

一段时期以来，各地在大气污染、土壤污染、水体污染、垃圾污染、自然生态保护等方面发生了许多事件，产生了极为恶劣的社会影响。其中，广东省番禺垃圾焚烧发电厂选址事件、江苏省常州"毒地"事件、湖南省镉大米事件、云南省曲靖铬渣污染事件、广西壮族自治区龙江河镉污染事件、江苏省盐城水污染事件、腾格里沙漠非法排污事件、祁连山国家级自然保护区事件等尤为突出。

近些年，随着国家对环境污染治理力度的不断加大，某些污染企业从发达地区转移到欠发达地区的农村，这些污染企业落地后有些甚至得到某些村集体和基层政府的支持和保护。他们虽然打着促进本地经济增长、解决就业、增加职工收入的旗号，但都是为了个人利益和部门利益，都是只有少数人获得了经济发展的成果，而让全社会和子孙后代来承担生态破坏和环境污染的成本。

以江苏省为例，响水、滨海、灌云和灌南都是当地的贫困县。21 世纪初，出于发展经济的考虑，苏北接受了不少从苏南、浙江等地迁移来的化工企业。自化工产业在苏北聚集后，生态环境问题就成了当地农村百姓的心头大患。2013 年，中国科学院烟台海岸带研究所组织相关专家对灌

---

① 王旭东：《政绩观的"血铅中毒"最可怕》，2010 年 3 月 23 日，见 http://news.cntv.cn/china/20100323/102398.shtml。

河沿岸的化工园区进行的污染情况调查显示，当地存在因化工生产而导致的环境污染问题，园区水体中的致癌性污染物苯、二氯甲烷、二氯乙烷、三氯甲烷普遍超标，可能会给当地农村的生态环境和人体健康带来不良影响。①

乡村生态振兴和生态文明建设是攻坚战，更是持久战。长期以来，由于生态环境保护的历史欠账多、起步晚、认识浅，一些地方在落实生态环境保护和管理工作中存在不作为、慢作为、乱作为等"懒政"现象，甚至还认为推进生态环境保护工作给地方经济建设和社会发展造成了损失。在"GDP 指挥棒"的诱导下，"生态环境监管无动力、生态环境监管无能力、生态环境监管无压力"的现象一定程度存在。

祁连山地处甘肃、青海交界，是黑河、石羊河和疏勒河三大水系 56 条内陆河的主要水源涵养地和集水区，它在维护中国西部生态安全方面有着举足轻重和不可替代的作用，是西北地区重要的生态安全屏障，被誉为河西走廊的"生命线"和"母亲山"。党的十八大以来，党中央高度重视生态环境保护，明确定位："祁连山是我国西部重要生态安全屏障，是黄河流域重要水源产流地，是我国生物多样性保护优先区域。"但长期以来，祁连山违法违规开发矿产资源、违法建设运行水电设施、周边企业偷排偷放等问题屡屡发生，致使脆弱的祁连山生态环境不堪重负，一些局部破坏不可逆转。2017 年 7 月，中办、国办就甘肃祁连山国家级自然保护区生态环境问题发出了严厉通报，要求予以彻底整改。通过调查核实，甘肃祁连山国家级自然保护区生态环境破坏问题突出：一是违法违规开发矿产资源问题严重；二是部分水电设施违法建设、违规运行；三是周边企业偷排

---

① 张燕：《响水爆炸案之后："宁可毒死，不要穷死"政绩观休矣》，《中国经济周刊》2019 年第 8 期。

偷放问题突出；四是生态环境突出问题整改不力。

上述问题的产生，虽然有体制、机制、政策等方面的原因，但根本还是甘肃省及有关市县思想认识有偏差，不作为、不担当、不碰硬，对党中央决策部署没有真正抓好落实。[①] 显然，单纯追求 GDP 增长已经不符合中国经济发展阶段和人民对美好生活的追求。

四、传统城镇化扩张导致自然生态空间遭受挤压

绿色不仅是新型城镇化也是乡村生态振兴的生命之基和动力之源。城镇化是中国经济社会发展的必然趋势，是现代化的必由之路，而绿色化是中国经济发展的必然要求，在积极推进城镇化进程中着力推动绿色化进程，对促进中国经济社会发展、促进乡村生态振兴具有重要意义。

改革开放以来，中国城镇化历程可分为"规模扩张"的传统城镇化阶段和"质量提升"的新型城镇化阶段。党的十八大之前的中国传统城镇化，在着力推动城镇规模扩张的同时也引发了一系列的问题，具体表现在土地城镇化快于人口城镇化、城镇空间结构不尽合理、农业农村现代化滞后、土地财政快速扩张、资源粗放低效利用与环境污染加剧、自然生态空间遭受严重挤压等方面。还有一些地方政府通过土地财政，不考虑人口增长和区域经济发展水平、生态环境承载力等实际情况，盲目大搞城市扩张与土地经营，大肆占用农村土地，导致出现了许多空城、"鬼城"。传统城镇化在发展过程中，较少考虑环境污染与资源消耗的成本，虽然在短时间内实现了城镇化水平的提高与经济增长，却造成了严重的资源与生态环境问题，具体表现在城市空气污染、耕地资源严重流失、农业面源污染加

---

① 《中办国办就甘肃祁连山国家级自然保护区生态环境问题发出通报》，2017 年 7 月 21 日，见 http://cpc.people.com.cn/n1/2017/0721/c64387-29420294.html。

剧、生物多样性减少、资源浪费、生态破坏等方面。

让人忧虑的是，传统城镇化模式不仅导致资源粗放利用和城市、城镇污染加剧，而且影响到农业农村的可持续发展。随着城市、城镇规模的不断扩张及各类非农产业园区的发展，许多地方掀起新的圈地运动，城市、城镇周边农村的良田被大量圈占，耕地资源流失严重，逐渐逼近 18 亿亩耕地红线，这对乡村生态振兴、中国粮食安全产生了严重威胁。与此同时，城市、城镇工业"三废"（废气、废水、废渣）、生活污水、生活垃圾等多种污染，加之农业自身的内源性污染，造成中国农业面源污染问题日益加剧，农产品质量安全风险居高不下。在城市、城镇扩张过程中，由于无视绿色，人们的经济活动逐渐超越自然生态容许的限度，许多地方已遭受到自然的无情处罚。随着生态成本、环境成本的不断提升，粗放扩张的传统城镇化道路亟须转型，要朝着新型城镇化、绿色城镇化发展，进而实现城镇化与资源环境承载力协调发展。

第三节　农业农村农民维度的生态问题

自古以来，"三农"问题就是一个影响国家经济社会发展的重要问题。尤其对我国这样一个社会主义农业大国而言，"三农"问题的解决直接关系我国全面建成小康社会和社会主义现代化的实现。一段时间以来，我国农业经济快速发展的背后是农业生产系统健康状况堪忧、农村生态环境的破坏及污染短期内难以扭转、农民人居环境形势仍然严峻，如果长期持续下去，必然对我国经济社会发展造成不可逆转的危害。因此，高度重视农业农村农民维度的生态问题就显得尤为重要。

一、农业生产系统健康状况堪忧

农业是国民经济的基础，是农村和农民的根本，农业的健康发展关乎中华民族和人类社会的永续发展，日趋紧张的人地关系和严重的农业生态问题已威胁到人民的生命安全、生存安全、发展安全，大气污染、水污染、土壤污染等生态环境问题使中国的农业发展面临严峻挑战，化肥、农药、地膜（农用塑料薄膜）的大量使用和畜禽水产养殖污染、农作物秸秆综合利用率不高已使农业生态环境不堪重负，造成农业面源污染，对农业生产系统健康造成严重威胁，农产品质量问题也已成为影响人们生命健康的最关键因素。

（一）化肥污染

近些年来，随着农业农村部、生态环境部等部门的积极推进，化肥施用总量虽然出现了拐点，已基本实现零增长，但是施用强度仍然远高于国际水平，利用率仍然较低，2015 年仅为 35.2%。2016 年，中国的化肥施用量为 5984.0 万吨，相比 2015 年的 6022.6 万吨，下降了 0.64%，这是农业农村部印发《到 2020 年化肥使用量零增长行动方案》之后，提前实现了零增长目标。然而化肥施用强度依然很高，2016 年全国化肥施用强度平均为 359.08 千克 / 公顷，是国际公认的化肥施用安全上限（225 千克 / 公顷）的 1.60 倍。

对不同时期各区域的数据进行分析，可以发现以下特点：一是全国平均施肥强度，特别是中部地区、西部地区的施肥强度，均呈现持续增加的态势，东部地区的化肥施用强度从"十一五"时期开始在高位上实现递减；二是同一时期的化肥施用强度自东向西逐步递减；三是每个时期，东部地区的化肥施用强度均高于全国平均水平，而中西部地区的化肥施用强度则低于全国平均水平（如表 2—7 所示）。

表 2—7 不同时期化肥施用强度及区域分布

（单位：千克／公顷）

地 区	"十五"时期（2001—2005 年）	"十一五"时期（2006—2010 年）	"十二五"时期（2011—2015 年）
东部地区	382.58（11）	431.10（11）	428.33（9）
中部地区	274.84（3）	318.60（3）	350.46（4）
西部地区	227.23（2）	278.71（2）	313.59（3）
全国	290.33	335.92	358.49

注：括号中的数据为高于全国平均施肥强度的省、自治区、直辖市个数。

资料来源：根据历年国家统计局《中国统计年鉴》有关数据整理。

　　根据不同阶段粮食主产省区的数据及农村改革内容的标志性变化，可以把改革开放后农村 40 余年的发展历程大体上划分为五个阶段：1978—1984 年、1985—1991 年、1992—1998 年、1999—2006 年、2007 年 以 来。为消除一些偶然因素对农用化肥施用强度的影响，取每一阶段的年度平均值作为该阶段的化肥施用强度，对全国的 13 个粮食主产区和全国农用化肥施用强度予以计算，结果见表 2—8。可以看出，每个省区化肥施用强度都呈现明显的递增态势，并且增长幅度都很大。2007 年以来，除黑龙江省之外的 12 个粮食主产省区的化肥施用强度，都比国际公认的化肥施用安全上限要高。

表 2-8 不同阶段粮食主产省区化肥施用强度

（单位：千克/公顷）

地 区	1978—1984 年	1985—1991 年	1992—1998 年	1999—2006 年	2007 年以来
河北省	93.96	148.4	258.62	321.39	372.86
内蒙古自治区	26.75	59.90	106.40	157.20	264.09
辽宁省	160.53	205.19	286.13	307.23	352.48
吉林省	93.36	174.91	245.70	272.92	373.47
黑龙江省	42.10	71.16	124.92	135.62	184.06
江苏省	194.09	232.93	361.60	436.15	435.60
安徽省	87.39	156.39	251.52	307.06	362.93
江西省	69.64	131.04	182.72	218.48	254.37
山东省	136.31	199.19	326.26	404.29	435.12
河南省	81.61	145.98	262.18	348.22	465.49
湖北省	87.56	170.19	298.43	363.16	434.91
湖南省	137.69	150.64	207.77	247.09	288.09
四川省	92.21	135.96	187.76	225.72	259.38
粮食主产区	101.69	153.12	241.37	294.28	348.15
全国	92.29	152.39	231.52	287.93	350.91

资料来源：根据历年国家统计局《中国统计年鉴》有关数据整理。

对化肥施用强度增加的相对数值进行分析可以看出，无论是全国平均水平，还是粮食主产区，增长的幅度都呈现出明显的递减态势。对全国而言，从第二阶段开始，化肥施用强度增长率从 65.16% 逐渐下降到 21.87%，下降了 43.29 个百分点；对粮食主产区而言，同期从 50.58% 逐渐下降到 18.31%，下降了 32.27 个百分点。

中国的化肥综合利用率平均为 30% 左右，另外有 70% 左右流失到耕地土壤中，大量总氮、总磷等进入耕地土壤或地下水体，在不同区域造成不同程度的污染和破坏。

（二）农药污染

在农业生产中，农药的使用虽然发挥了积极的作用，但农药利用率仅为 36.6%，农药残留普遍存在，农药污染治理极具艰巨性、复杂性、紧迫性。由于文化程度不高、农业科普知识掌握不够等原因，广大农民不会科学使用农药，多凭传统经验，剂量、次数、时间等都没有认真按照农药的具体说明执行，造成农产品农药残留超标，导致农产品质量下降等一系列问题；同时，由于缺乏有效的回收机制，农药包装物对耕地土壤、水体等造成日益严重的二次污染，其数量巨大，如果不能有效回收处理，将对农业生产系统的健康造成愈加严重的影响。

中国的农药使用量从"十一五"时期的 165.99 万吨，增加到"十二五"时期的 179.70 万吨，增长 8.26%。就不同区域而言，同期东部地区下降了0.73%，西部地区增长幅度最大，增长 28.62%。从区域分布来看，中部地区农药使用量占全国农药使用量的比例最高，但这个比例在两个时期基本持平；其次是东部地区，但其所占比例下降了 3.37 个百分点；而西部地区所占比例则上升了 3.21 个百分点（如表 2—9 所示）。

表 2—9　不同时期农药使用量及区域分布

地　区	"十一五"时期（2006—2010 年）		"十二五"时期（2011—2015 年）		增长率（%）
	数量（万吨）	比例（%）	数量（万吨）	比例（%）	
东部地区	67.48	40.65	66.98	37.28	−0.73
中部地区	70.15	42.26	76.23	42.42	8.67
西部地区	28.36	17.09	36.48	20.30	28.62
全国	165.99	100.00	179.70	100.00	8.26

资料来源：根据历年国家统计局《中国统计年鉴》有关数据整理。

（三）废旧地膜（农用塑料薄膜）污染

农用塑料薄膜是农业生产中覆盖种植技术常用的生产资料，全国范围内都得到广泛应用，虽然在农业生产中能促进农作物的产量增收，但对废旧农用塑料薄膜的处理至今仍是个棘手而严峻的问题，废旧农用塑料薄膜极难降解，如果焚烧则污染空气，随意丢弃则会形成白色污染，对耕地土壤造成的危害也日益严重。根据农业部发布的《重点流域农业面源污染综合治理示范工程建设规划（2016—2020年）》数据显示，2015年农用地膜施用量为145万吨，当季地膜回收率尚不足2/3，农田白色污染问题日益凸显。

不同的时期农用塑料薄膜使用量及区域分布情况表现出一定的差异性（如表2—10所示）。从总体情况来看，农用塑料薄膜使用量在增加，从"十一五"时期的200.85万吨增加到"十二五"时期的247.09万吨，增长23.02%。从区域情况来看，不同的时期农用塑料薄膜使用量表现出如下特点：一是东部地区所占比例最大，其次是西部地区、中部地区；二是东部地区、中部地区所占比例在下降，前者下降幅度高于后者，西部地区所占比例在增加；三是不同区域的农用塑料薄膜使用量都在增加，但增加的幅度差异明显，从东到西呈逐步递增态势，西部地区增长率达到43.44%。

表2—10　不同时期农用塑料薄膜使用量及区域分布

地区	"十一五"时期（2006—2010年）		"十二五"时期（2011—2015年）		增长率（%）
	数量（万吨）	比例（%）	数量（万吨）	比例（%）	
东部地区	85.53	42.58	94.04	38.06	9.95
中部地区	53.16	26.47	63.89	25.86	20.18
西部地区	62.16	30.95	89.16	36.08	43.44
全国	200.85	100.00	247.09	100.00	23.02

资料来源：根据历年国家统计局《中国统计年鉴》有关数据整理。

（四）农作物秸秆污染

农村水稻、玉米、小麦、豆类、薯类等秸秆利用水平有待进一步提高，根据农业部发布的《重点流域农业面源污染综合治理示范工程建设规划（2016—2020年）》数据显示，2015年，秸秆产生量10.4亿吨，综合利用率80.2%，其余被随意丢弃或露天焚烧，就地焚烧所产生的浓烟会造成严重的大气污染，加剧业已严重的雾霾程度，这种做法既污染了环境，又浪费了资源。

（五）畜禽水产养殖污染

规模化养殖导致的环境污染也不容忽视。每年畜禽粪污产生量约38亿吨，综合利用率不到60%，大部分进入生态环境，造成污染。在畜禽养殖业发展中，兽用抗生素使用量、排放量较大，排放强度高，对生态环境影响范围广、程度深。水产养殖过程中大量饵料、养殖用药的使用，易造成集中养殖区域水环境污染。

二、农村生态环境系统的破坏及污染短期内难以扭转

改革开放40多年来，中国农村发展取得了举世瞩目的成就，但与此同时，农村的生态环境系统也付出了沉重的代价。农村生态环境系统包括耕地、水域、森林、草地四大子系统，这四大子系统存在的生态问题不容忽视，着力加快补齐农村生态环境短板已成当务之急。

（一）优质耕地资源被占用态势在短期内很难扭转，同时耕地土壤污染问题形势严峻

中国是一个耕地资源相对短缺的国家，在人口持续增长、经济快速发

展、工业化和城市化城镇化不断推进的过程中耕地流失极为严重，耕地资源数量持续下降，目前中国人均耕地面积不足 1000 平方米，形势十分严峻。

据中华人民共和国自然资源部公布的《2017 中国土地矿产海洋资源统计公报》数据显示，2016 年，全国因建设占用、灾毁、生态退耕、农业结构调整等减少耕地面积 34.50 万公顷，通过土地整治、农业结构调整等增加耕地面积 26.81 万公顷，年内净减少耕地面积 7.69 万公顷；2017 年年底，全国耕地面积为 13486.32 万公顷（20.23 亿亩），全国因建设占用、灾毁、生态退耕、农业结构调整等减少耕地面积 32.04 万公顷，通过土地整治、农业结构调整等增加耕地面积 25.95 万公顷，年内净减少耕地面积 6.09 万公顷。可见，耕地在持续减少。同时，耕地总体质量不高，中、低产田面积所占比例高达 72.9%。随着工业化和城市化、城镇化等对优质耕地的不断占用，中、低产田所占比例会进一步增加，从长期来看，会对国家粮食安全构成极大的威胁。

2014 年环境保护部和国土资源部公布的《全国土壤污染状况调查公报》显示，全国土壤污染总的超标率为 16.1%，耕地中土壤点位超标率为 19.4%，局部地区呈现从轻度污染向中、重度污染，从单一污染向复合污染，从土壤污染向食物链污染转移的趋势。中国土壤污染南方重于北方，长三角、珠三角和东北老工业基地等部分区域土壤污染问题较为突出，西南和中南地区土壤重金属超标范围较大，而且主要污染物种类也比其他土地利用类型多，势必对农产品的质量产生严重影响。林地中土壤点位超标率为 10.0%，690 家重污染企业用地及周边的超标点位占 36.3%，81 块工业废弃地的超标点位占 34.9%，146 家工业园区的超标点位占 29.4%。土壤污染主要源于工业的"三废"排放，农药、化肥污染，污泥、重金属、微生物和化学药品的污染。土壤环境污染具有多样性、复合性、累积性的特点，这更加剧了耕地问题，将严重威胁人民群众的"米袋子""菜篮子"和"水缸子"。治理由此导致的环境污染需要巨大的投入，2013—2017 年中央财政共投入 4.62 万亿元，平均每年投入 9235.56 亿元，即使如此巨大的治理投入，也没有遏制污染加剧的趋势。

（二）水资源不仅短缺，而且立体化污染态势较为明显

水资源短缺、分布不均衡、立体化污染等导致了严重的生态问题。一是水资源分布不均，资源性缺水、工程性缺水、水质性缺水并存；西北地区的陕西省、甘肃省、青海省、宁夏回族自治区、新疆维吾尔自治区资源性缺水严重，云南省、贵州省、四川省等典型的喀斯特地区工程性缺水相当普遍，而东部地区的水质性缺水问题日益严重。二是"水多、水少、水脏、水混"现象同在。中国的人均水资源量仅为世界人均水资源量的 1/4，时空分布不均衡，水资源和耕地资源在空间上不匹配。

作为水资源紧缺国家，中国农村节水任务非常紧迫。因农村灌溉用水量大，造成化肥、农药不能很好地充分利用，并随着地表径流污染水环境，地下水水质形势则更加严峻，这已成为治理农村农业面源污染必须解决的问题。

（三）森林资源质量虽然有所提高，但是仍然难以满足人民群众对良好生态的需求

森林生态系统为人类发展提供了非常广泛的生态服务功能，发展林业不仅是全面建成小康社会的重要内容，也是乡村生态振兴的重要举措。国家高度重视林业发展，出台了一系列着力推动林业发展和生态建设的重大战略决策，并实施了一系列重点林业生态工程，成效显著。据国家林业局

发布的《第八次全国森林资源清查主要结果（2009—2013年）》显示，全国森林面积2.08亿公顷，森林覆盖率21.63%，森林资源呈现出数量持续增加、质量稳步提升、效能不断增强的良好态势，但中国目前仍然是一个缺林少绿、生态脆弱的国家，森林覆盖率远低于全球31%的平均水平，人均森林面积仅为世界人均水平的1/4，人均森林蓄积量只有世界人均水平的1/7，森林资源总量相对不足、质量不高、分布不均的状况仍未得到根本改变，林业发展还面临着巨大的压力和挑战。

当前，严守林业生态红线的压力很大，过去5年各类违法违规占用林地年均已经超过了200万亩，随着城市化、城镇化和工业化进程的加速，生态建设的空间被进一步挤压，严守林业的生态红线、维护国家生态安全底线的压力也日趋加大。

（四）草地资源数量大，虽生态功能在持续提升，但超载情况较为普遍

草原生态系统是陆地生态系统的重要组成部分，它为人类社会的经济发展提供了重要的生态环境和物质资源。中国是一个草原资源大国，拥有各类天然草原面积近4亿公顷，覆盖着2/5的国土面积。发展草地农业是乡村生态振兴的新阵地，对于确保国家生态安全、促进农业可持续发展具有非常重要的意义。

近些年来，国家实施了一系列强草惠牧的政策和生态工程建设，草原生态功能不断完善，草原生产率逐渐提高，草原生态环境持续恶化得到初步遏制。农业部发布的《2016年中国草原监测报告》显示，2016年全国草原综合植被覆盖率达到了54.6%，草原植被状况有了明显改善，从而有力推动了草原乡村生态振兴。在草原建设取得显著成效的同时，畜牧超载现象仍然普遍存在，全国重点天然草原的平均牲畜超载率为12.4%，全国

268 个牧区半牧区县（旗、市）天然草原的平均牲畜超载率为 15.5 ％。有些草原出现的植被覆盖率下降、草地生产能力减弱、生物多样性下降和草原生态系统稳定性较差、草原生态恢复复杂等一系列问题，都需引起高度重视。

三、农民人居环境形势仍然严峻

良好的生产生活环境是广大农民的殷切期盼，在快速工业化、城市化、城镇化进程中，相当一部分农村农民人居环境恶化，整治滞后，大力改善农民人居环境成为推进乡村生态振兴必须解决的难点和重点问题。当前，农村饮用水水源地保护工作滞后、生活垃圾产生量大、生活污水随意倾倒、厕所整治力度不够以及村容村貌混乱等，都表明了农民人居环境整治的艰巨性，这既是一个紧迫问题，更是一个复杂问题。

（一）农村饮用水水源地保护工作滞后

中国农村饮用水水源地存在底数不清的问题，水源地保护范围划定和规范化整治等工作滞后，农村饮用水水源地的安全缺乏保障。根据《2016年全国农村环境质量试点监测报告》，中国环境监测总站 2016 年对全国 31 个省（区、市）和新疆生产建设兵团的 2053 个村庄的 2210 个饮用水水源地水质状况监测显示，农村饮用水水源地水质达标率为 79.3％，与城市饮用水水源地水质达标率（90％ 以上）、"水十条"中要求的饮用水卫生合格率（90％ 以上）有较大的差距。

（二）农村生活垃圾治理滞后

农村生活垃圾产生量越来越大，呈现来源多样化、成分复杂化的特点，主要包括厨余垃圾、妇女儿童用品、塑料制品、玻璃制品、废旧电器等。国家统计局发布的《第三次全国农业普查主要数据公报（第三号）》数据显示，截至 2016 年年末，全国 73.9% 的农村生活垃圾得到集中处理或部分集中处理，其中东北地区乡村垃圾集中处理率为 53.1%。与此同时，乡村生活垃圾基础设施建设仍然滞后，部分地区乡村环境脏乱差问题突出，生活垃圾或随意摆放，或四处倾倒。即使有的地方生活垃圾实现了集中堆放，但从处理方式来看，仍以直接填埋、焚烧、高温堆肥为主，实现资源化利用的比例不高。近些年来，在全国范围积极推行的户分类、村收集、镇转运、县处理农村生活垃圾处理模式，在有些地方取得显著成效，但也呈现出明显的弊端，这种模式对经济条件的依赖性强，具有十分明显的区域局限性，广大的山区、丘陵地区不太适用，转运过程有可能造成二次污染，农村垃圾进城还会对区域垃圾填埋场造成极大压力。

（三）农村生活污水治理滞后

农村生活污水产生量不仅在显著增加，而且广大农村地区普遍缺乏污水处理设施，对生活污水难以进行有效处理，随意倾倒现象较为普遍。农村生活污水处理目前存在明显的"两难一低"问题，即农民居住分散，特别是在广大的山区、丘陵地区普遍缺乏污水收集管网与处理设施，生活污水收集相当难；不同地域的农民用水习惯不同，生活污水产生量和排放规律差异很大，进一步加大了处理难度；同时，一些地方所采取的污水处理模式不太适合当地的实际情况，处理效率较低，经常看到不少农村污水横流，臭气熏天。国家统计局发布的《第三次全国农业普查主要数据公报（第三号）》数据显示，截至 2016 年年末，全国 17.4% 的农村生活污水得到集中处理或部分集中处理，其中东北地区农村生活污水集中处理率仅为 7.8%。与此同时，因设计施工不合理、运营维护主体不明确、资金落实不到位、技术标准不完善等多方面原因，部分已建成的生活垃圾和生活污水设施没有正常运行，整治效果不理想。

（四）农村"厕所革命"滞后

"厕所革命"与每一个人息息相关，是农村人居环境整治的重点，也是乡村生态振兴的关键一环。深入基层调研发现，农村"厕所革命"往往只注重了内部的改，没有注重厕所之外的治，多采用化粪池的方式，没有将改厕和生活污水予以一体化处理，只立足于某个点，解决的只是单一问题，治标不治本，谈不上是真正的"厕所革命"。同时，厕所状况与农民家庭经济状况、房屋新旧状况、农民自身素质密切相关，经济条件好的家庭、新修的房屋、文化素质高的家庭一般很重视厕所环境和卫生建设。

（五）农村房屋修建管理滞后

农村的房屋布局在很大程度上直接影响着集镇、村庄的规划和整体形象，长期以来，因缺乏必要的长远规划引导和增长控制，大部分地区的集镇、村庄存在布局散乱、发展无序的状况：一是集镇、村庄布局杂乱无章。农民房屋间距狭小，楼房高矮参差不齐，建筑风格各异，经济条件好的建起了别墅，经济条件较差的依旧住在古旧木房或红砖土房里，甚至有的还是危房，房屋户外装饰五花八门，道路窄小，公共活动场所少，公共厕所少。二是私搭乱建非常普遍。在有些集镇、村庄，农民不需要任何审批手续便可随意搭建窝棚，造成本来狭小的空间更为拥挤。三是违法占地建房时有发生。因缺乏监督，一些农民违法乱占耕地无序建房，既没有审批手续，面积又远远超标，盖了新房后旧房所占宅基地也不交出。如果有农民违法乱占耕地无序建房而无人过问，农民就会纷纷效仿，造成一些集镇、村庄违规建房现象较为普遍。

（六）农民普遍缺乏乡村生态治理意识

乡村生态环境状况和农民的生存与发展质量密切相关，农民既是乡村生态环境恶化的直接受害者，也是生态环境保护与治理的生力军。不管是外来的人才，还是外来的资本，都不能取代农民的主体地位。长期以来，农民受传统生活习惯的影响和思想文化素质限制，难以意识到化肥污染、农药污染、废旧地膜污染、农作物秸秆污染、畜禽水产养殖污染和生活污水、生活垃圾等对生存与生活环境的破坏，主体意识普遍淡薄，一些农民不仅不会主动保护乡村的生态环境，反而还不自觉地污染和破坏乡村生态环境。经深入调研发现，农民普遍对生态治理和环境保护认识不足，有些农民对生态治理和环境保护持怀疑态度，不能充分理解生态治理和环境保护设施的建设行为，认为乡村生态治理和环境保护行动没有必要，也不配合乡村生态治理和环境保护行动，造成乡村生态治理和环境保护效率低、推动难、效果差。

由于历史和现实、自然和人为等方面的原因，自然环境维度的生态问题、经济社会维度的生态问题、农业农村农民维度的生态问题交织在一起，让我们深切感受到乡村生态振兴任重道远。当前，农村生态环境治理和乡村生态振兴所面临的生态环境形势更加严峻，在全国范围内还有相当数量的乡村存在非常严重或者较为严重的生态问题。从表2—11可以看出，这些生态环境问题不再是单一的不当行为造成的，而是生产、生活、生态三方面的不当行为和文化认知、价值观念叠加所导致的，这些问题必须引起人们高度重视并系统解决。

表 2-11　当前乡村存在的主要生态问题的表现形式、后果和主要原因

生态问题	表现形式	后果（危害）	主要原因
生态破坏	兴办企业导致的生态破坏，建造房屋引起的生态破坏，"大树进城"引起的植被破坏，建设"新村"造成的生态破坏，矿山开发引起的生态破坏，景区开发造成的生态破坏等	乡村生态结构遭受破坏，生态系统功能下降，并可能引发水土流失、土地沙化、滑坡、泥石流等自然灾害	缺乏科学规划和周密论证，乡村建设过程中没有考虑生态承载力和后果，没有做到经济建设与生态环境保护有机结合
资源浪费	耕地资源、农作物秸秆资源、生活污水、垃圾和电器等生活废弃物资源、厕所粪污资源、畜禽粪便资源浪费	既浪费了宝贵的自然资源，又污染了生态环境，导致村容村貌遭受严重损害	缺乏资源意识、生态意识、环保意识，制度不完善、不健全，监管不力，管理不到位
环境污染	农村的工业污染、大气污染、水污染、土壤污染、农产品污染	导致乡村出现雾霾，水污染不能饮用，农产品有毒有害物质残留超标，不能食用	系统内造成的污染：焚烧秸秆，过量使用化肥、农药等化学投入品，厕所粪污和畜禽粪便未进行无害化处理；系统外造成的污染：工业"三废"（废气、废液、废渣）、城市垃圾下乡等
疾病增多	疾病种类增多，患病人数增加，不孕不育比例上升，"癌症村"不断出现	乡村严重的大气污染、水污染、土壤污染、农产品污染造成人体免疫系统受到破坏，以致疾病多发；水体污染是导致"癌症村"的罪魁祸首	既有系统内污染源造成的环境污染，又有系统外（工业、城市）污染源造成的环境污染；既有自然原因（酸沉降，如降酸雨；水土流失等），更有人为因素（疾病传染、传播，预防不力、管理不严等）

（续表）

生态问题	表现形式	后果（危害）	主要原因
村庄衰减	乡村人口减少，空闲房屋增多；出现空心村（空壳村或空洞村）；村庄减少，甚至消亡	2000—2010 年，中国自然村由 360 万个减至 270 万个，其中不乏众多古村落。中国乡村正在衰落、消亡，中国乡村、乡村文明危矣	大背景的影响：工业化、城市化、城镇化快速推进，对乡村发展产生的不利影响；乡村生产、生活条件落后和生态环境恶化加速了村庄衰减；城乡差距拉大，进一步加剧村庄衰减

资料来源：黄国勤：《论乡村生态振兴》，《中国生态农业学报》（中英文）2019 年第 2 期。

第三章

第三章

生态振兴

用习近平生态文明思想指导乡村

习近平总书记以马克思主义政治家、战略家、理论家的深刻洞察力、敏锐判断力和战略定力，站在坚持和发展中国特色社会主义、实现中华民族伟大复兴中国梦的战略高度，传承中华民族优秀传统文化、顺应时代潮流和人民意愿，提出了一系列新理念新思想新战略，形成了系统科学的习近平生态文明思想。这是中国共产党的重大理论和实践创新成果，是习近平新时代中国特色社会主义思想的重要组成部分，为推进美丽中国建设、实现人与自然和谐共生的现代化提供了方向指引和根本遵循。我们要把学习贯彻习近平生态文明思想，作为增强"四个意识"、坚定"四个自信"、自觉做到"两个维护"的具体行动，立足乡村实际、扛起职责使命，以更大的决心、更强的力度、更实的举措，努力推动乡村生态振兴。

第一节　观念转向：牢固树立生态价值观念

思想引领行动，价值决定方向。用习近平生态文明思想指导乡村生态振兴，就是要深刻把握生态兴则文明兴的深邃历史观、人与自然和谐共生的科学自然观，内化于心、外化于行，不断提升对乡村生态振兴和生态文明建设的规律性认识，凝聚最大公约数，画出最大同心圆，为乡村生态振兴注入不竭精神动力。

一、坚持"生态兴则文明兴"

生态事关文明兴衰。早在 2003 年，习近平同志担任浙江省委书记时，他就站在人类文明的战略高度提出了"生态兴则文明兴，生态衰则文明衰"的著名论断，这是其生态文明思想的核心论断，是站在更高层次上对重构人与自然和谐关系的深邃思考，明确了生态文明的历史方位，强调了生态文明建设的重要性，也是对人类文明变迁的历史性反思和对现代社会的现实观照。生态兴则文明兴，生态好才能文明旺，国家美才能事业昌。

从中华民族的文明史来看，奔腾不息的长江、黄河是中华民族的摇篮，孕育了无比灿烂辉煌的中华文明，总体保持相对良好的生态环境维系着中华文明数千年绵延不断。但回顾历史，古代的一些地区也曾有过惨痛教训。如一度辉煌的楼兰文明已被埋藏在万顷流沙之下，河西走廊、黄土高原都曾水丰草茂，由于毁林开荒、乱砍滥伐，导致生态环境遭受严重破坏，进而加剧经济衰落。唐代中叶以后，中国经济重心逐步向东向南转移，这在很大程度上与西北地区的生态环境变化密切相关。实践证明，人类对自然的伤害最终会伤及人类自身，这是无法抗拒的规律。

学史可以看成败、鉴得失、知兴替。我国独特的地理环境和严峻的生态环境形势，要求我们必须高度重视乡村生态振兴和生态文明建设，不可掉以轻心。"胡焕庸线"东南 43% 的国土，居住着全国 94% 左右的人口，以平原、水网、低山丘陵和喀斯特地貌为主，生态环境压力巨大；该线西北方 57% 的国土，供养着全国大约 6% 的人口，以草原、戈壁沙漠、绿洲和雪域高原为主，生态系统极其脆弱。坚持生态兴则文明兴，推动乡村生态振兴，就是要遵从自然生态演变和经济社会发展规律，将人类活动控制在自然生态可调节、可维持的范围内；就是要今天的发展不能成为明天发展的障碍，短期的利益不能成为长远利益的羁绊，当代人不能影响后代人的发展。

二、坚持"人与自然和谐共生"

习近平总书记指出，要牢固树立社会主义生态文明观，推动形成人与自然和谐发展现代化建设新格局。我们要建设的现代化是人与自然和谐共生的现代化，既要创造更多物质财富和精神财富以满足人民日益增长的美好生活需要，也要提供更多优质生态产品以满足人民日益增长的优美生态环境需要。这一科学论断充分说明，现代化必须以人与自然和谐共生为基本前提，没有绿水青山的现代化不是真正的现代化、没有人与自然和谐的现代化不是真正的现代化。

习近平总书记还指出："人与自然是生命共同体。"生态环境没有替代品，用之不觉，失之难存。在人类文明的发展过程中，人与自然的关系也在发生相应改变。从原始文明的崇拜、敬畏自然，到农业文明的模仿、学习自然，再到工业文明的改造、征服自然，人们深刻认识到，当人类合理利用、友好保护自然时，自然的回报往往是慷慨的。如我国 2000 多年前建于战国时期的都江堰，就是顺应自然、因势利导建设的大型生态水利工程，不仅造福当时，而且泽被后世。反之，当人类无序开发、粗暴掠夺自然时，必然遭到自然的无情惩罚。

推动乡村生态振兴，建设生态文明，首先要从改变自然、征服自然转向调整人们的不良行为、纠正人们的错误行为。要做到人与自然和谐，就不要违反规律去征服自然。人类只有尊重、顺应和保护自然，才能有效防止在开发利用自然上走弯路，才能实现人的全面发展、人与自然的和谐发展。人与自然是平等、友好的伙伴，决不是主宰与被主宰、征服与被征服的关系。这一理念传承了古代"天人合一""民胞物与""道法自然"的思想，深刻体现了人与自然相互依存、共生共赢的本质特征。要在全党全社会范围内树立尊重自然、顺应自然、保护自然的生态价值观和生态审美观，加快构建人与自然和谐发展、共存共荣的生态意识、价值取向和社会适应等生态文化体系。

现在，人与自然的矛盾比较尖锐，在一些地方的表现也非常突出，出现了土地沙化、湿地退化、水土流失、河流干涸等严重的生态问题。2016年 7 月 1 日，在庆祝中国共产党成立 95 周年大会上，习近平总书记指出："我国生态环境矛盾有一个历史积累过程，不是一天变坏的，但不能在我们手里变得越来越坏，共产党人应该有这样的胸怀和意志。"党的十九大报告把"坚持人与自然和谐共生"纳入新时代坚持和发展中国特色社会主义的基本方略，明确指出"我们要建设的现代化是人与自然和谐共生的现代化"。一个强大的社会主义国家，不仅是一个经济发达的国家，也是一个生态优美的国家。小康社会不仅是物质文明的小康社会，也是生态文明的小康社会，是"五位一体"的小康社会。为实现人与自然和谐共生的现代化，党中央已经绘制了路线图，编制了时间表。党的十九大报告提出到2035 年"生态环境根本好转，美丽中国目标基本实现"；本世纪中叶"把我国建成富强民主文明和谐美丽的社会主义现代化强国"。因此，我们要像保护眼睛一样保护生态环境，像对待生命一样对待生态环境，多做保护自然、修复生态、爱护环境的实事，多做治山理水、显山露水的好事，让自然生态美景永驻人间，还自然以宁静、和谐、美丽。

第二节 绿色指向：坚决走好绿色发展之路

长期以来各地的发展实践，让我们深刻认识到环境是最稀缺的资源，生态是最宝贵的财富，没有了良好的生态环境，就没有了生存和发展的基础。习近平总书记指出，要保持加强生态文明建设的战略定力，不能因为经济发展遇到一点困难，就开始动铺摊子上项目、以牺牲环境换取经济增长的念头。用习近平生态文明思想指导乡村生态振兴，就是要脚踏实地坚决走好绿色发展之路。

一、坚持"绿水青山就是金山银山"

生态事关生产力和经济的持续发展，而人类的自身价值和生态环境的自然价值犹如"鸟之两翼，车之双轮"，必须统筹兼顾。生态环境中的青山绿水是人类生存与发展的前提和基础，我们"绝不能以牺牲生态环境为代价换取经济的一时发展"。因此，如何协调好环境和发展的关系，是生态文明建设中生态治理的主要任务。习近平总书记强调，正确处理好生态环境保护和发展的关系，是实现可持续发展的内在要求，也是推进现代化建设的重大原则。有人说，发展要宁慢毋快，否则得不偿失；也有人说，为了摆脱贫困必须加快发展，付出一些生态环境代价也是难免的、必须的。这两种观点都把生态环境保护和经济发展对立起来了，都是不全面的。

2005年8月，针对浙江省经济社会发展中遇到的一些现实问题，时任浙江省委书记的习近平同志在安吉考察时就首次提出"绿水青山就是金山银山"的科学论断，后来又在《浙江日报》"之江新语"栏目发表评论《绿水青山也是金山银山》，阐述生态文明建设的重要意义，提出了著名的"两山论"，他指出："我们追求人与自然的和谐，经济与社会的和谐，通俗地讲，就是既要绿水青山，又要金山银山。"接着又强调"生态环境优势转化为生态农业、生态工业、生态旅游等生态经济的优势，那么绿水青山也就变成了金山银山。绿水青山可带来金山银山，但金山银山却买不到绿水青山。绿水青山与金山银山既会产生矛盾，又可辩证统一"。可见，"绿水青山"和"金山银山"是既对立又统一的双生概念，这丰富和发展了马克思主义生态经济思想，为科学处理生态价值与经济价值的关系进一步指明了方向。

国家主席习近平在哈萨克斯坦纳扎尔巴耶夫大学回答学生问题时对"两山论"作了进一步阐述："建设生态文明是关系人民福祉、关系民族未来的大计。我们既要绿水青山，也要金山银山。宁要绿水青山，不要金山银山，而且绿水青山就是金山银山。"绿水青山既是自然财富、生态财富，又是社会财富、经济财富。保护生态环境就是保护生产力，改善生态环境就是发展生产力。保护生态环境就是保护自然价值和增值自然资本，就是保护经济社会发展潜力和后劲。因此，保护生态环境应该而且必须成为发展的题中应有之义。

生态环境问题归根结底是发展方式和生活方式问题。在我国要实现社会主义现代化，必须积极探索出一条符合中国特色的绿色发展道路，加快推动形成绿色发展方式和生活方式，这是发展观的一场深刻革命。必须坚持节约资源和保护环境的基本国策，坚持节约优先、保护优先、自然恢复为主的方针，贯彻创新、协调、绿色、开放、共享的新发展理念，把经济活动、人的行为限制在自然资源和生态环境能够承载的限度内，给自然生态留下休养生息的时间和空间，使绿水青山持续发挥生态效益和经济社会效益，让良好生态环境成为人民生活的增长点、经济社会持续健康发展的支撑点、展现我国良好形象的发力点，为子孙后代留下可持续发展的"绿色银行"。

"绿水青山就是金山银山"深刻揭示了发展与保护的本质关系，更新了关于自然资源的传统认识，带来的是发展理念和发展方式的深刻转变，也是执政理念和执政方式的深刻转变。推动乡村生态振兴，坚持绿水青山就是金山银山，关键在人，关键在发展思路，关键在处理和平衡好发展与保护的关系，关键在寻找新动能和处理老问题上把握好方向、节奏和力度。经济生态两手硬，青山金山长相依。

二、坚持"良好生态环境是最普惠的民生福祉"

"为政之道，民生为本。"生态环境事关民生福祉。习近平总书记指出："生态环境是关系党的使命宗旨的重大政治问题，也是关系民生的重大社会问题。"2013 年 4 月，他在海南考察时强调："良好生态环境是最公平的公共产品，是最普惠的民生福祉。头顶着蓝天白云，在清洁的河道里畅快游泳，田地里盛产安全的瓜果蔬菜⋯⋯这些是人民群众对生态文明最朴素的理解和对环境保护最起码的诉求。"

生态环境质量已成为衡量人民群众生活幸福度的重要指标。习近平总书记多次强调："良好生态环境是人和社会持续发展的根本基础。人民群众对环境问题高度关注。环境保护和治理要以解决损害群众健康突出环境问题为重点。""如果不能有效保护生态环境，不仅无法实现经济社会可持续发展，人民群众也无法喝上干净的水，呼吸上清洁的空气，吃上放心的食物，由此必然引发严重的社会问题。"环境就是民生，推进中国特色社会主义现代化建设，生态环境问题是其中一个非常重要的民生问题。因此，"环境治理是一个系统工程，必须作为重大民生实事紧紧抓在手上"。中国共产党人必须同心同德，群策群力，推动乡村生态振兴，"以对人民群众，对子孙后代高度负责的态度和责任，真正下决心把环境污染治理好，把生态环境建设好"，"为子孙后代留下天蓝、地绿、水清的生产生活环境"。

可见，随着我国社会生产力水平的明显提高和人民生活水平的显著改善，人民群众的需要呈现出多样化、多层次、多方面的特点，人民群众对清新空气、清澈水质、清洁环境等高质量的生态产品的需求更为迫切，生态环境越来越珍贵。"民之所好好之，民之所恶恶之。"因此，抓环境问题就是抓民生问题，改善环境就是改善民生。2013年4月25日在十八届中央政治局常委会会议上，习近平总书记就深刻地指出："人民群众不是对国内生产总值增长速度不满，而是对生态环境不好有更多不满。我们一定要取舍，到底要什么？从老百姓满意不满意、答应不答应出发，生态环境非常重要；从改善民生的着力点看，也是这点最重要。"必须顺应人民群众的新期待，发展经济是为了民生，推动乡村生态振兴、保护生态环境同样也是为了民生。必须坚持以人民为中心的发展思想，做到生态惠民、生态利民、生态为民，优先解决突出生态环境问题，提供更多优质生态产品，满足人民群众对良好生态环境新期待，提升人民群众获得感、幸福感和安全感。

良好生态环境是最普惠的民生福祉，源自我们党全心全意为人民服务的根本宗旨，源自广大人民群众对改善生态环境质量的热切期盼。这正如习近平总书记所说，我们的人民热爱生活，期盼有更舒适的居住条件、更优美的环境，人民对美好生活的向往，就是我们的奋斗目标，我们的奋斗目标就是要使之成为现实。

三、坚持"山水林田湖是一个生命共同体"

如何处理好人与自然的关系，唯物辩证法要求把自然界和自然运动规律视为一个复杂的有机整体。针对这个问题，习近平总书记在党的十八届三中全会上明确指出："我们要认识到，山水林田湖是一个生命共同体，人的命脉在田，田的命脉在水，水的命脉在山，山的命脉在土，土的命脉在树。"用"命脉"把人和山水林田湖连在一起，生动形象地阐述了人与自然之间唇齿相依的紧密关系。习近平总书记进一步强调："如果破坏了山、砍光了林，也就破坏了水，山就变成了秃山，水就变成了洪水，泥沙俱下，地就变成了没有养分的不毛之地，水土流失、沟壑纵横。"最终必然对生态环境造成系统性、长期性破坏。这一科学论断，立足于山水林田湖这个生命共同体，统筹自然生态各种要素，科学阐述了自然生态系统各个组成部分相互依存、紧密联系的关系，深刻揭示了这个生命共同体各部分的本质联系和坚持统筹治理、系统治理的特殊重要性，从战略层面以宏阔的视野回答了治理自然生态系统应坚持的基本原则，进一步丰富和发展了马克思主义系统自然观和系统方法论，进一步指明了我国生态治理的系统治理方向，是有效解决我国复杂生态问题和推动乡村生态振兴的根本出路，更是切实加强生态建设必须始终坚持的思想方法，为生态环境的系统治理提供了科学的自然观和方法论基础。

在山水林田湖这个生命共同体中，森林是处在顶层的生态系统，对土、山、水、田、人的生态安全起着决定性、关键性作用。2013 年，习近平总书记在参加首都义务植树活动时强调："森林是陆地生态系统的主体和重要资源，是人类生存发展的重要生态保障。不可想象，没有森林，地球和人类会是什么样子。"因此，在生态文明建设中，我们必须牢固树立"山水林田湖是一个生命共同体"的理念，"要按照系统工程的思路，抓好生态文明建设重点任务的落实"。环境治理是一个系统工程，要从系统工程和全局角度寻求治理修复之道，不能头痛医头、脚痛医脚，要按照生态系统的整体性、系统性及其内在规律，整体施策、多措并举，统筹考虑自然生态各要素、山上山下、地上地下、陆地海洋以及流域上下游、左右岸的关系，力求进行整体保护、系统修复、宏观管控、综合治理，全方位、全地域、全过程开展生态文明建设，增强生态系统循环能力，维持生态平衡、维护生态功能，达到系统治理的最佳效果。

既然山水林田湖是一个生命共同体，因此，必须统筹治理山水林田湖。"如果种树的只管种树、治水的只管治水、护田的单纯护田，很容易顾此失彼，最终造成生态的系统性破坏。由一个部门负责领土范围内所有国土空间用途管制职责，对山水林田湖进行统一保护、统一修复是十分必要的。"习近平总书记多次强调要以系统工程思路抓生态建设，"在生态环境保护上，一定要树立大局观、长远观、整体观，不能因小失大、顾此失彼、寅吃卯粮、急功近利"。推动乡村生态振兴，要实现生态服务功能最大化，促进自然资源的永续利用。

第三节　民生取向：着力解决突出环境问题

我国生态环境质量不容乐观，重污染天气、黑臭水体、垃圾围城、生态破坏等问题时有发生，已经成为重要的民生之患、民心之痛，严重影响了人民群众的生产生活，必须下大力气解决好这些问题。习近平总书记指出，解决好人民群众反映强烈的突出环境问题，既是改善环境民生的迫切需要，也是加强生态文明建设的当务之急。用习近平生态文明思想指导乡村生态振兴，就是要坚持民生取向，着力解决突出的生态环境问题。

一、坚决"打好污染防治攻坚战"

全面加强党对生态环境保护的领导，坚决打好污染防治攻坚战。当前，我国经济正由高速增长阶段转向高质量发展阶段，但是新型工业化、城镇化、农业现代化尚未完成，相比一些发达国家，我国人均收入水平还较低，解决多领域、多类型、多层面累计叠加的生态环境问题，需要跨越一些常规性和非常规性关口，治理的复杂性和难度更大。为决胜全面建成小康社会，提升生态文明，建设美丽中国，党的十九大作出了坚决打好污染防治攻坚战的重大决策部署。习近平总书记在全国生态环境保护大会上指出，"打好污染防治攻坚战时间紧、任务重、难度大，是一场大仗、硬仗、苦仗，必须加强党的领导。"

《中共中央 国务院关于全面加强生态环境保护坚决打好污染防治攻坚战的意见》将"全面加强党对生态环境保护的领导"独立成章，在以前"政府主导、企业主体、公众参与"的基础上，变为"党委领导、政府主导、企业主体、公众参与"，明确地方各级党委和政府主要领导是本行政区域生态环境保护的第一责任人，把"党政同责"落实到位，做到重要工作亲自部署、重大问题亲自过问、重要环节亲自协调、重要案件亲自督办。

因此，要抓住关键少数，将"全面加强党对生态环境保护的领导"作为构建以改善生态环境质量为核心的目标责任体系的核心内容，加快构建生态文明体系，细化实化政策措施，确保能落地、可操作、见成效。各相关部门要履行好生态环境保护职责，必须按"一岗双责"的要求抓好生态环境保护，形成明确清晰、环环相扣的"责任链"，把压力层层传导下去，使各部门守土有责、守土负责、守土担责、守土尽责、分工协作、共同发力。"对那些损害生态环境的领导干部，要真追责、敢追责、严追责，做到终身追责。"要继续紧盯关键，严格落实目标责任，强化责任考核，把中央生态环境保护督察向纵深发展，采用排查、交办、核查、约谈、专项督察的"五步法"，压实压紧地方各级党委和政府的责任，形成抓好生态环境保护和全力治污攻坚的政治理念、制度氛围和刚性约束。

推动乡村生态振兴，就是要坚决打赢蓝天保卫战，着力打好碧水保卫战，扎实推进净土保卫战，着力解决突出环境问题。抓住重点区域重点领域，大力提升治污能力，集中力量打好柴油货车污染治理、水源地保护、城市黑臭水体治理、长江保护修复、渤海综合治理、农业农村污染治理七大标志性战役，同时开展禁止洋垃圾入境、打击固体废物及危险废物非法转移和倾倒、垃圾焚烧发电行业达标排放、"绿盾"自然保护区监督检查四大专项行动。

各地区各部门要结合实际，因地制宜，对照各项战役的目标任务和时限要求，咬定目标不偏移、实事求是不加码、分步推进不折腾。要以人民群众真实感受作为检验标准，确保工作务实、过程扎实、结果真实。

二、坚持"着力加强生态保护治理"

"我们在生态环境方面欠账太多了，如果不从现在起就把这项工作紧紧抓起来，将来会付出更大的代价。"习近平总书记指出，"要正确处理好经济发展同生态环境保护的关系，牢固树立保护生态环境就是保护生产力、改善生态环境就是发展生产力的理念"，"走生态优先、绿色发展之路，使绿水青山产生巨大生态效益、经济效益、社会效益。""生态就是资源、生态就是生产力。"习近平总书记的这些重要论述，深刻阐明了生态环境与生产力之间的关系，是对生产力理论的重大发展，饱含尊重自然、谋求人与自然和谐发展的价值理念和发展理念。只有推动乡村生态振兴，加大生态保护修复力度、更加重视生态环境这一生产力要素的保护与增值，更加尊重自然生态系统自身的发展规律，保护和利用好生态环境，才能更好地发展生产力，在更高层次上实现人与自然的和谐。

针对乡村生态保护、美丽乡村建设，习近平总书记在云南考察时指出："新农村建设一定要走符合农村实际的路子，遵循乡村自身发展规律，充分体现农村特点，注意乡土味道，保留乡村风貌，留得住青山绿水，记得住乡愁。经济要发展，但不能以破坏生态环境为代价。生态环境保护是一个长期任务，要久久为功。一定要把洱海保护好，让'苍山不墨千秋画，洱海无弦万古琴'的自然美景永驻人间。"

我们要深刻把握山水林田湖是一个生命共同体的系统思想，在着力解决突出环境问题的同时，积极构建以生态系统良性循环和环境风险有效防控为重点的生态安全体系。财政部、原国土资源部、原环境保护部联合印发了《关于推进山水林田湖生态保护修复工作的通知》，分三批次开展山水林田湖草生态保护修复工程试点。工程区域主要是关系国家生态安全格局和永续发展的核心区域，如黄土高原、青藏高原、川滇生态屏障、京津冀水源涵养区、东北森林带、北方防沙带、南方丘陵山地带等，与国家"两屏三带"生态安全战略格局和国家重点生态功能区分布相契合，体现了保障国家生态安全的基本要求。工程项目内容坚持民生取向，涵盖了矿山生态系统修复治理、水环境综合治理、农田整治、退化污染土地修复治理、森林草原生态系统修复治理、湖泊湿地近海海域生态修复、生物多样性保护等类型，目的在于进一步系统解决环境污染、水土流失、生物多样性减少、农田质量低、人居环境恶化等突出生态环境问题，着力推动乡村生态振兴。

生态保护与污染防治密不可分、相互作用。其中，污染防治好比是分子，生态保护好比是分母，要对分子做好减法降低污染物排放量，对分母做好加法扩大环境容量，两方面协同发力，才能使污染浓度这个分数值得到较快降低。要有效防范生态环境风险，始终保持高度警觉，把生态环境风险纳入常态化管理，做好应对任何形式生态环境风险挑战的准备。

三、坚持"用最严格制度最严密法治保护生态环境"

制度建设是生态文明建设中的短板，只有把制度建设作为重中之重，着力破除制约生态文明建设的体制机制障碍，才能走向生态文明新时代。习近平总书记指出："只有实行最严格的制度、最严密的法治，才能为生态文明建设提供可靠保障。"因此，大力推动乡村生态振兴，推进生态文明建设，既要有思想引导，更要有制度约束，才能走出一条经济发展与生态环境共赢之路。

　　"实行最严格的制度"，就是要建立健全生态文明制度体系，构建生态文明制度建设的"四梁八柱"，做到有法可依。2013 年 5 月 24 日，习近平总书记在十八届中央政治局第六次集体学习时就大力推进生态文明建设指出："要完善经济社会发展考核评价体系，把资源消耗、环境损害、生态效益等体现生态文明建设状况的指标纳入经济社会发展评价体系，使之成为推进生态文明建设的重要导向和约束。一定要彻底转变观念，再不以GDP 增长率论英雄。如果生态环境指标很差，一个地方一个部门的表面成绩再好看也不行，不说一票否决，但这一票一定要占很大的权重。"因此，"要建立健全资源生态环境管理制度，加快建立国土空间开发保护制度，强化水、大气、土壤等污染防治制度，建立反映市场供求和资源稀缺程度、体现生态价值、代际补偿的资源有偿使用制度和生态补偿制度，健全生态环境保护责任追究制度和环境损害赔偿制度，强化制度约束作用"。在十八届四中全会上，习近平总书记还鲜明指出："用严格的法律制度保护生态环境，加快建立有效约束开发行为和促进绿色发展、循环发展、低碳发展的生态文明法律制度，强化生产者环境保护的法律责任，大幅度提高违法成本。建立健全自然资源产权法律制度，完善国土空间开发保护方面的法律制度，制定完善生态补偿和土壤、水、大气污染防治及海洋生态环境保护等法律法规，促进生态文明建设。"可见，习近平总书记十分注重制度在生态环境治理中的作用。

　　法律是红线、底线，任何人、任何组织不能触碰、不得突破。推动乡村生态振兴，大力加强生态文明建设，迫切需要法治力量的全力推进。在十八届中央政治局第六次集体学习时，习近平总书记指出："要建立责任追究制度，主要对领导干部的责任追究。对那些不顾生态环境盲目决策、造成严重后果的人，必须追究其责任，而且应该终身追究。真抓就要这样抓，否则就会流于形式。不能把一个地方环境搞得一塌糊涂，然后拍拍屁股走人，官还照当，不负任何责任。"2015 年 7 月 1 日召开的中央全面深化改革领导小组第十四次会议上，习近平总书记又指出："对造成生态环境损害负有责任的领导干部，不论是否已调离、提拔或者退休，都必须严肃追责。一旦发现需要追责的情形，必须追责到底，决不能让制度成为没有牙齿的老虎。"他还特别强调："不讲责任，不追究责任，再好的制度也会成为纸老虎、稻草人。""制度执行力、治理能力已经成为影响我国社会主义制度优势充分发挥、党和国家事业顺利发展的重要因素。"2017 年 7 月 20 日，中共中央办公厅、国务院办公厅就甘肃祁连山国家级自然保护区生态环境问题发出通报，这场"最严环保问责风暴"，是中国环保事业"长出牙齿"的典型样本。"实行最严格的法治"，就是要把现有的制度落到实处，决不能越雷池半步，否则就要受到惩罚。"对破坏生态环境的行为，不能手软，不能下不为例。"同时，要加大环境督查工作，严肃查处违纪违法行为，着力解决生态环境方面的突出问题，让人民群众享受更多的优质生态产品、更优美的生态环境。未来，还要继续加快体制改革和制度创新，使之成为刚性的约束和不可触碰的高压线。

四、坚持"建设美丽中国全民行动"

推动乡村生态振兴、建设生态文明是人民群众共同参与、共同建设、共同享有的事业。优美的生态环境为人民群众和全社会共同享有，需要全社会共同建设、共同保护、共同治理。习近平总书记强调："生态文明建设同每个人息息相关，每个人都应该做践行者、推动者。"没有哪个人是旁观者、局外人、批评家，谁也不能只说不做、置身事外。

2013 年 4 月 2 日，习近平总书记在参加首都义务植树活动时强调："全民义务植树开展 30 多年来，促进了我国森林资源恢复发展，增强了全民爱绿植绿护绿意识。同时，我们必须清醒地看到，我国总体上仍然是一个缺林少绿、生态脆弱的国家，植树造林，改善生态，任重而道远。"推动乡村生态振兴、大力推进生态文明建设，必须"要按照系统工程的思路，强化党的领导、国家意志和全民行动"。

当前，全民生态环境保护意识仍然不强，关心、参与、监督生态环境保护工作的主动性、自觉性、积极性仍待提高。一些生活方式对自然生态的破坏也日益凸显。例如，野生杜鹃枝条一般需要 7—10 年的生长期，而都市男女对瓶中孤枝的"宠爱"却可以毁掉大兴安岭的漫山花海。一些公众以"行善"名义的盲目放生，不但刺激更多人去抓捕野生动物，而且不合理的放生还会导致野生动物大量死亡，或者引入外来物种破坏生态平衡。如果大家依照现存资源消耗模式生活的话，其后果是不可想象的。

习近平总书记在《之江新语》一书中就指出："要化解人与自然、人与人、人与社会的各种矛盾，必须依靠文化的熏陶、教化、激励作用，发挥先进文化的凝聚、润滑、整合作用。"为此，推动乡村生态振兴，我们一定要"让生态文化在全社会扎根"。习近平总书记还强调，在全社会"要加强生态文明宣传教育，增强全民节约意识、环保意识、生态意识，营造爱护生态环境的良好风气"。这既为加强全民生态文明宣传教育、在全社会确立生态文明观指明了方向，也为乡村生态振兴和生态文明建设的破局指明了方向。因此，"必须弘扬生态文明主流价值观，把生态文明纳入社会主义核心价值体系，形成人人、事事、时时崇尚生态文明的社会新风尚，为生态文明建设奠定坚实的社会、群众基础"。要强化公民生态环境保护意识，构建全民行动体系，推动形成节约适度、绿色低碳、文明健康的生活方式和消费模式，把建设美丽中国化为人民自觉行动。

第四节　实践导向：全力推动乡村生态振兴

习近平生态文明思想具有重要的实践指导意义，为我们全力推动乡村生态振兴、实施乡村振兴战略提供了理论指导和根本遵循。我们要全面领会习近平生态文明思想，把践行习近平生态文明思想作为推动乡村生态振兴的核心主线。

一、加大治理保护，强化刚性约束和正向激励

"绿水青山就是金山银山"的前提是要留住绿水青山。乡村良好生态环境需要强有力的治理与保护，但由于乡村管理具有现实复杂性，存在生态保护碎片化、生态保护体制机制不健全与不完善等问题。对此，用习近平生态文明思想指导乡村生态振兴，其实践向度可从强化刚性约束和正向激励两方面入手。

第一，"全面依法治国是中国特色社会主义的本质要求和重要保障"，乡村生态振兴同样要全面加强依法治理和保护。习近平总书记多次强调"保护生态环境必须依靠制度、依靠法治。只有实行最严格的制度、最严密的法治，才能为生态文明建设提供可靠保障"。为此，我们需要立足乡村生态问题的现实情况，综合考虑生态保护红线和乡村社情民情，制定生态资源管理制度、生态空间开发保护制度、环境污染防治制度等系列生态环境保护制度，同时强化制度执行，加大依法治理力度。

第二，良好生态环境蕴含巨大生态、经济和社会价值，推动乡村生态振兴、保护生态环境就是增值自然价值和自然资本的过程。在生态环境保护过程中可能会牺牲部分经济利益，这就需要给予合理的价值回报和经济

补偿以激励社会各方参与生态治理。一方面，我们需要进一步健全资源有偿使用制度和市场化、多元化生态补偿机制，确保社会主体在参与生态环境治理保护中获得应有的价值回报。另一方面，我们要积极构建基于市场交易的生态价值实现机制，发挥市场在生态资源配置中的决定性作用，促进生态资源转化为可带来收益的生态资产和生态资本，吸引社会资本参与生态治理。

二、坚持生态为民，加快乡村生态宜居建设

人居环境是人类生存和发展的物质基础与地理空间，涵盖了与人类居住生活有关的自然、经济、社会和文化各方面，其好坏直接影响人类的生活质量与身心健康。生态宜居是乡村振兴战略的五大要求之一，就是要建设自然环境优美、人文环境舒适、基础设施齐全的人类理想居住地。这既是生态为民的核心要义，也是坚持乡村生态振兴和生态文明建设民生取向的直接体现。习近平生态文明思想为认识和推进乡村生态宜居建设提供了科学指导。

乡村生态宜居建设的重点在于人居环境综合治理。宏观层面要扎实推进《农村人居环境整治三年行动方案》，既要抓好乡村水、电、气、道路等基础设施，也要抓好教育、文化、卫生等社会事业；微观上以推进"厕所革命"、生活污水整治、生活垃圾清理、村容村貌提升为重点，补齐乡村环境突出短板。习近平总书记要求"开展农村人居环境整治行动，要统筹城乡发展，统筹生产生活生态"，也就是不能仅着眼于单一的村容整洁治理，还要促进生产、生活、生态"三生同步"，融合发展，实现乡村生产方式、生活方式的绿色化。

乡村生态宜居建设要遵循乡村发展的规律和特点。习近平总书记指出："搞新农村建设要注意生态环境保护，注意乡土味道，体现农村特点，

保留乡村风貌，不能照搬照抄城镇建设那一套，搞得城市不像城市、农村不像农村。"我国各地乡村情况不同、各有特色，乡村生态宜居建设既不可简单采用统一模式，也不可单纯沿袭城镇建设的思路理念。应从以下两点出发：一是要遵循乡村发展的规律和特点，科学规划乡村发展建设和环境整治安排，做到因地制宜、精准施策。二是要注意保留村庄原始风貌、保留乡村原有特色，尽可能在原有村庄形态上改善居民生活条件，让乡村风貌与现代生活融为一体。

三、协调城乡发展，推动形成绿色发展方式

习近平总书记指出："要加快推动乡村振兴，建立健全促进城乡融合发展的体制机制和政策体系，带动乡村产业、人才、文化、生态和组织振兴。"城乡融合既是发展的客观需要，也符合发展的客观规律。长期的实践表明，乡村生态环境问题不是由乡村单方面造成，而是社会发展的系统性问题。城乡"二元结构"使各种生产要素从乡村（农业）向城市（工业）单向流动，由此形成的城乡生态对立是产生并加剧乡村生态退化、环境污染的重要原因。用习近平生态文明思想指导乡村生态振兴，在具体实践中可从以下两方面入手。

第一，以城乡融合促进乡村产业结构绿色化。关于城乡融合发展的路径，习近平总书记已有明确思路："发挥农村生态资源丰富的优势，吸引资本、技术、人才等要素向乡村流动，把绿水青山变成金山银山，带动贫困人口增收。"具体来说，一方面要打通城乡要素合理流动渠道，将城市的资本、技术等要素引入乡村，发展乡村现代农业和生态服务业；另一方面要加快推进城乡产业一体化发展，改变城乡简单产业分工，发挥城市先进生产力的带动作用和乡村绿色空间的生态潜力作用，引入城市绿色生态产业。

第二，以城乡融合推动乡村空间结构绿色化。习近平总书记指出："把'两座山'的道理延伸到统筹城乡和区域的协调发展上，还启示我们，工业化不是到处都办工业，应当是宜工则工，宜农则农，宜开发则开发，宜保护则保护。"我们需要改变过去"摊大饼"式将城市范围无限向乡村拓展的方式，而应从城乡区域整体性出发进行合理生态功能分区。按照"生产空间集约高效、生活空间宜居适度、生态空间山清水秀"的原则，科学制定城乡空间布局规划，明确城乡功能区定位，形成城乡空间结构高度匹配、产业结构高度耦合的融合发展格局，进而打造城乡生态互补的生态共同体，使城市和乡村既紧密联系又保持各自特色，让美丽城镇和美丽乡村交相辉映。

四、农业绿色发展，绘就美丽乡村关键基色

农业是立国之本，安民之基。习近平总书记对中国农业的发展问题高度重视，先后做出一系列重要指示，其中一个重要思想就是推动实现农业绿色发展。为此，中共中央办公厅、国务院办公厅专门印发《关于创新体制机制推进农业绿色发展的意见》，这是党中央出台的第一个关于农业绿色发展的文件，对当前和今后一个时期的农业现代化建设具有长远指导意义。推动乡村生态振兴，我们要切实把推进农业绿色发展的要求落到实处。

第一，夯实农业生产能力，确保粮食安全。"手中有粮，心中不慌"，确保国家粮食安全，是由中国特殊国情所决定的。习近平总书记始终坚持强调确保国家粮食安全，在 2013 年中央农村工作会议中，他指出："解决好吃饭问题始终是治国理政的头等大事……只要粮食不出大问题，中国的事就稳得住。""我们的饭碗必须牢牢端在自己手里，粮食安全的主动权必须牢牢掌控在自己手中。"在党的十九大报告中，习近平总书记再次强调，

要"确保国家粮食安全，把中国人的饭碗牢牢端在自己手中"。在 2019 年
"两会"上，习近平总书记指出，实施乡村振兴战略的首要任务是确保重
要农产品特别是粮食供给。如何保障国家粮食安全，首先应树立正确的
粮食安全观。习近平总书记强调："国内粮食需求增长很快，粮食安全要
自己保全部，地不够、水不够，生态环境也承载不了……集中力量首先
把最基本最重要的保住，确保谷物基本自给，口粮绝对安全。"其次要实
施"藏粮于地、藏粮于技"的重大战略。"藏粮于地"的核心是严守耕地
红线，对耕地进行最严格的保护。习近平总书记指出："十八亿亩耕地红
线仍然必须坚守，同时还要提出现有耕地面积必须保持基本稳定。极而言
之，保护耕地要像保护文物那样来做，甚至要像保护大熊猫那样来做。坚
守十八亿亩耕地红线……没有一点点讨价还价的余地。""藏粮于技"的核
心是农机装备和农业机械化转型升级，通过加快推进科技进步，提高粮食
生产效率和水平。习近平总书记始终强调科技兴农，要求"让农业插上科
技的翅膀"，以科技进步推动农业发展，走内涵式发展道路。

第二，绿色兴农，大力发展高效生态农业。走绿色发展道路，大力发
展高效生态农业是习近平总书记推进农业全面升级的重要思路。习近平总
书记指出："农业经济早已超出自为一体的范围，只有在生态系统协调的
基础上，才有可能获得稳定而迅速的发展。"在主政浙江时，习近平同志
大力提倡要"把传统农业改造建设为具有持久市场竞争力，能持续致富农
民的高效生态农业"。党的十八大以来，"绿色兴农"成为中国农业发展升
级的重要战略，发展"资源节约型、环境友好型、生态保育型"三型农业
成为农业发展的全新定位。2017 年十二届全国人大五次会议上习近平总
书记参加四川代表团审议时再次强调："必须深入推进农业供给侧结构性
改革，主攻农业供给质量，注重可持续发展，加强绿色、有机、无公害农
产品供给。"在党的十九大报告中，习近平总书记进一步指出："实施食品

安全战略，让人民吃得放心。"

当前和今后一个时期，推动农业绿色发展，一方面必须大力实施"藏粮于地、藏粮于技"战略，注意调动和保持地方重农抓粮和农民务农种粮的积极性，确保把中国人的饭碗牢牢端在自己手里；同时，必须切实采取有力措施，抓紧制定和落实化肥、农药使用量零增长的具体目标。要按照"一控两减三基本"的总体部署，加快推进秸秆、畜禽粪污、农膜等农业废弃物全利用，推动轮作休耕常态化，使农业生态环境在短期内有一个明显改善，积极回应人民群众对良好生态环境和美好生活的迫切愿望。在处理农业生产与生态环境保护的关系时，一定要避免把农业生产与生态环境保护对立起来的做法，坚持以科学规划和区域布局为指导，不搞简单地一关了之，而是要将绿色导向贯穿于农业发展全过程，推行绿色生产方式，实现生产与生态协调发展，推动乡村生态振兴。

第四章

第 四 章

乡村生态振兴的战略取向

推动乡村生态振兴、建设美丽乡村、建设美丽中国是中国共产党带领人民实现社会主义现代化的奋斗目标之一，是满足人民对美好生活需要的重要内容。习近平总书记指出："走向生态文明新时代，建设美丽中国，是实现中华民族伟大复兴的中国梦的重要内容。"2018 年 5 月，习近平总书记在纪念马克思诞辰 200 周年大会上指出，要"动员全社会力量推进生态文明建设，共建美丽中国，让人民群众在绿水青山中共享自然之美、生命之美、生活之美，走出一条生产发展、生活富裕、生态良好的文明发展道路。"

第一节　乡村生态振兴的主要内涵

推动乡村生态振兴，要充分认识保护生态环境任务的持久性、艰巨性和复杂性，着力打造绿水青山的生态环境，更好地满足人民更高质量、更广领域、更加全面的美好生活需求。

一、坚持人与自然是生命共同体的理念

无论是在乡村，还是在城市、城镇，人与自然唇齿相依、血肉相连。人类如果破坏自然，其实也是在破坏自己生存和发展的根基。

中国乡村的可持续发展归根到底离不开自然这个基础。马克思曾说，不以伟大的自然规律为依据的人类计划，只会带来灾难。习近平总书记在党的十九大报告中更是创造性地提出"人与自然是生命共同体，人类必须

尊重自然、顺应自然、保护自然"。人类必须认清人与自然是一个共生共荣、息息相关的生命共同体。

坚持"人与自然是生命共同体"的理念，需要坚定不移、持之以恒地尊重自然、顺应自然和保护自然。对于生态承载力较弱、自然资源较为匮乏的地区，必须坚持限制开发；对于环境污染较为严重的地区，必须坚持保护优先的原则，利用先进合理的科学技术积极促进自然的自我修复，严禁对自然的二次伤害；对于生态环境较好的地区，必须树立可持续发展的理念，既要处理好代内矛盾，又要处理好代际矛盾，不能以牺牲子孙后代的利益去换取当代人的经济社会发展。无论哪一种情况，都必须始终坚定保护自然、爱护环境的意识，留给子孙后代一个山清、水秀、天蓝、地绿的生态家园、生活家园。

坚持"人与自然是生命共同体"的理念，需要以系统思维统筹推进乡村生态振兴。从方法论层面来看，其实质是为人民寻求新的治理之道提供实践指南。在深入治理环境污染、修复自然生态系统时，要坚持系统思维，从生态系统的整体性出发，将治山、治水、治林、治田、治湖、治草等进行有机统筹、系统推进。

坚持"人与自然是生命共同体"的理念，需要坚定不移、持之以恒推进"绿色化"的发展方式。习近平总书记强调指出，"要以绿色发展，推进高质量发展，建设美丽中国"。党的十八届五中全会提出了创新、协调、绿色、开放、共享的新发展理念，成为未来中国实现可持续发展、全面建成小康社会的系统性指导原则。绿色发展是一个国家增强综合实力和国际竞争力的必由之路，生态环境已成为一个国家和地区综合竞争力的重要组成部分。对此，习近平总书记强调，要"坚持节约资源和保护环境的基本国策，坚持节约优先、保护优先、自然恢复为主的方针，着力推进绿色发展、循环发展、低碳发展"。

二、建设绿水青山的乡村优美自然环境

人民的美好生活一定要有和谐优美的自然环境。推动乡村生态振兴，最基本的就是要建设绿水青山的优美自然环境，切实改变环境污染的状况，及时修复被破坏的生态，最大限度减少对资源的浪费。2016 年 4 月，习近平总书记在安徽省凤阳县小岗村主持召开农村改革座谈会时指出："中国要强农业必须强，中国要美农村必须美，中国要富农民必须富。"习近平总书记的重要讲话深刻揭示了乡村生态振兴在中国生态文明建设中的重要地位。因此，建设绿水青山的优美自然环境基础在农村。

中国是一个农业大国，乡村占有广袤的空间和地理优势。2015 年 7 月，习近平总书记在吉林调研时指出："新农村建设要坚持规划先行，注重乡土味道和民族风情，注重补农村的短板、扬农村的长处，努力建设美丽乡村和农民幸福家园。任何时候都不能忽视农业、不能忘记农民、不能淡漠农村。必须始终坚持强农惠农富农政策不减弱、推进农村全面小康不松劲，在认识的高度、重视的程度、投入的力度上保持好势头。"2016 年 4 月，习近平总书记在小岗村召开的农村改革座谈会上再次强调："建设社会主义新农村，要规划先行，遵循乡村自身发展规律，补农村短板，扬农村长处，注意乡土味道，保留乡村风貌，留住田园乡愁。要因地制宜搞好农村人居环境综合整治，创造干净整洁的农村生活环境。"他还明确指出："绿色生态是最大财富、最大优势、最大品牌，一定要保护好，做好治山理水、显山露水的文章，走出一条经济发展和生态文明水平提高相辅相成、相得益彰的路子。"要"全面促进资源节约，加大自然生态系统和环境保护力度，着力解决雾霾等一系列问题，努力建设天蓝地绿水净的美丽中国"。这表明，乡村生态振兴在中国生态文明建设中具有极其重要的作用，没有乡村生态振兴和乡村生态文明建设就

没有中国生态文明建设，没有乡村的美丽自然环境就没有中国的美丽自然环境。

绿色是和谐优美的自然环境和美好生活的底色。绿水青山是对美好自然环境的生动概括，是乡村生态振兴的自然成果，充分表现出原生态的自然之美。和谐优美的自然环境是一个拥有清新空气、清澈水质、清洁环境的生产生活空间，是一个山清、水秀、天蓝、地绿的生态家园。共享自然之美，就是人们能够呼吸到清新的空气，喝上干净放心的水，吃上天然无污染的生态食品，享受绿水青山的怡人风光，远离自然灾害的侵袭，等等。保持生态环境的自然之美，就是守护人类健康，不仅为人民生产生活创造良好的生态空间，而且为人民提供优美舒适的宜居环境。

三、让人民在绿水青山中共享生活之美

生态环境是民生福祉的重要影响因素。幸福是人民现实生活的核心问题、终极目标，幸福感是人民源自现实生活的深切感受、真切体验，而人民的现实生活就是民生。生态环境问题是民生问题中越来越突出、越来越严峻、越来越重要的问题。重视民生，就必须高度重视自然环境，如果自然环境得不到有效保护，民生也就失去了基本的依托。

当前，有些地区的乡村生态环境问题日趋严重，如果长期得不到有效治理，人们的幸福感就会不断降低。当人们喝的水、吃的食品、呼吸的空气、提供农产品的耕地、居住的村庄都遭到了污染，人们的身心健康遭受严重损害时，就很难感受到生活的幸福。2013 年 4 月，习近平总书记在海南考察工作时指出："对人的生存来说，金山银山固然重要，但绿水青山是人民幸福生活的重要内容，是金钱不能代替的。你挣到了钱，但空气、饮用水都不合格，哪有什么幸福可言。""环境就是民生，青山就是

美丽，蓝天也是幸福。推动形成绿色发展方式和生活方式，协同推进人民富裕、国家强盛、中国美丽。"良好生态环境是乡村的最大优势和宝贵财富，要切实"改善环境质量，保护人民健康，让城乡环境更宜居、人民生活更美好"。这些论断，生动体现出习近平总书记以人民为中心的发展思想，体现出努力为人民群众创造美好生活环境的价值取向，彰显了习近平总书记以人为本的情怀。

让人民生活在一个美丽、清洁、安全、舒适的环境之中，是着力提高人民生活质量、生态幸福指数的重要保障。当今时代，人民对美好生活的向往和需求更趋多样化、多元化，要求也不断提高，"生态环境特别是大气、水、土壤污染严重，已成为全面建成小康社会的突出短板。扭转环境恶化、提高环境质量是广大人民群众的热切期盼"。我们要在发展中顺应民心、尊重民意、关注民情，切实有效保障民生。对于中国共产党而言，满足人民群众对美好生态环境的需要，既是要着力解决的民生问题，更是重大的政治问题。把生态问题上升到重大政治问题和社会问题的高度，无疑回应了人民群众热切期盼加快提高生态环境质量的迫切要求。为此，必须把生态环境治理、推动乡村生态振兴、建设美丽乡村、建设美丽中国当作人民群众最关心最直接最现实的利益问题，以高度负责的态度、决心和切实的行动抓紧抓落实，全力守护绿水青山，建设更为优美的生态环境和舒适宜居的生活环境，努力实现绿色富民，让人民群众共享生活之美。

第二节　乡村生态振兴的战略目标与具体目标

乡村生态振兴是乡村振兴的自然底色和本色，推动乡村生态振兴、建设美丽乡村、建设美丽中国是中国走向社会主义生态文明新时代的奋斗目标。我们要努力打造山清、水秀、天蓝、地绿的自然生态环境，构建一种人与自然和谐共生的社会形态。对此，习近平总书记描绘了这样一幅宏伟蓝图："到本世纪中叶，建成富强民主文明和谐美丽的社会主义现代化强国，物质文明、政治文明、精神文明、社会文明、生态文明全面提升，绿色发展方式和生活方式全面形成，人与自然和谐共生，生态环境领域国家治理体系和治理能力现代化全面实现，建成美丽中国。"

一、乡村生态振兴的战略目标

乡村生态振兴是生态文明建设和美丽中国建设的重要组成部分，乡村生态振兴的战略目标与总体目标是建成健康中国、美丽中国。建设美丽中国是以习近平同志为核心的党中央基于中国的现实国情和未来的发展定位提出的新时代生态文明建设的战略目标，可从建成生态文明国家和生态文明社会两大方面来理解。

（一）建成生态环境良好的生态文明国家

随着我国社会的主要矛盾转化为人民日益增长的美好生活需要和不平衡不充分的发展之间的矛盾，人民群众对优美生态环境的需要已经成为这一矛盾的重要方面。习近平总书记指出："广大人民群众热切期盼加快提高生态环境质量。人心是最大的政治。我们要积极回应人民群众所想、所盼、所急，大力推进生态文明建设。"[①]

生态环境没有替代品，用之不觉，失之难存。我们要"切实加强生态环境保护，把我国建设成为生态环境良好的国家"。生态环境是人们赖以生存和发展的重要前提，也是人们安身立命的空间和场所，生态环境质量

---

① 习近平：《推动我国生态文明建设迈上新台阶》，《求是》2019 年第 3 期。

决定着人民能否健康、快乐、幸福地生活。把中国建设成为具有良好生态环境的国家是建设美丽中国的首要目标，也是乡村生态振兴的首要目标。只有乡村生态振兴了，只有中国美丽了，人民才会拥有绿水青山的美好家园。

党的十八大以后，从2013年至今连续八年的中央一号文件（如表4-1所示）和其他中央有关重要文件都对农村存在的生态环境问题提出了科学、系统、翔实的治理举措。2018年9月，中共中央、国务院印发的《乡村振兴战略规划（2018—2022年）》在"第六篇建设生态宜居的美丽乡村"中鲜明提出要"推动乡村生态振兴，建设生活环境整洁优美、生态系统稳定健康、人与自然和谐共生的生态宜居美丽乡村"。习近平总书记的系列重要讲话和中央的有关政策与文件，不仅全面阐述了农村生态环境治理的时代意义、遵循原则、科学方法与具体举措，也为人民群众保护"乡情美景"、建设生态宜居家园和乡村生态振兴提供了理论指导与行动指南。当然，这些努力，最终的目标指向是通过农村生态环境治理，推动乡村生态振兴，把中国建设成为生态环境良好的生态文明国家，达到自然之美、社会之美、环境之美、人文之美、生活之美的完美融合，促进人与自然的和谐共生、经济与环境的和谐共存、社会与生态的和谐共赢，从而实现生产发展、生活富裕和生态优良的美好愿景。

表4-1　中央一号文件中有关农村生态环境的治理举措

年度	文件名称	相关治理举措
2013	《中共中央 国务院关于加快发展现代农业 进一步增强农村发展活力的若干意见》	推进农村生态文明建设
2014	《中共中央 国务院关于全面深化农村改革 加快推进农业现代化的若干意见》	促进生态友好型农业发展；开展农业资源休养生息试点；加大生态保护建设力度；开展村庄人居环境整治

（续表）

年度	文件名称	相关治理举措
2015	《中共中央 国务院关于加大改革创新力度 加快农业现代化建设的若干意见》	提升农产品质量和食品安全水平；加强农业生态治理；推进农村一二三产业融合发展；大力推进农村扶贫开发；全面推进农村人居环境整治
2016	《中共中央 国务院关于落实发展新理念 加快农业现代化 实现全面小康目标的若干意见》	加强农业资源保护和高效利用；加快农业环境突出问题治理；加强农业生态保护和修复；实施食品安全战略；大力发展休闲农业和乡村旅游；开展农村人居环境整治行动和美丽宜居乡村建设
2017	《中共中央 国务院关于深入推进农业供给侧结构性改革 加快培育农业农村发展新动能的若干意见》	推进农业清洁生产；大规模实施农业节水工程；集中治理农业环境突出问题；加强重大生态工程建设；大力发展乡村休闲旅游产业；培育宜居宜业特色村镇；深入开展农村人居环境治理和美丽宜居乡村建设
2018	《中共中央 国务院关于实施乡村振兴战略的意见》	统筹山水林田湖草系统治理；加强农村突出环境问题综合治理；建立市场化多元化生态补偿机制；增加农业生态产品和服务供给；持续改善农村人居环境
2019	《中共中央 国务院关于坚持农业农村优先发展 做好"三农"工作的若干意见》	抓好农村人居环境整治三年行动；实施村庄基础设施建设工程；加强农村污染治理和生态环境保护；强化乡村规划引领；加快发展乡村特色产业
2020	《中共中央 国务院关于抓好"三农"领域重点工作 确保如期实现全面小康的意见》	坚决打赢脱贫攻坚战；对标全面建成小康社会加快补齐农村基础设施和公共服务短板（加强农村饮用水水源保护，做好水质监测；扎实搞好农村人居环境整治；治理农村生态环境突出问题）发展富民乡村产业；坚守耕地和永久基本农田保护红线

资料来源：根据 2013—2020 年中央一号文件整理。

（二）建成人与自然和谐共生的生态文明社会

生态文明建设的核心是统筹人与自然的和谐发展。推动乡村生态振兴，大力促进新时代生态文明建设和美丽中国建设，其战略目标之一就是建成生态文明社会。这是一种人与自然和谐发展、共生共荣的社会形态。

党的十九大确立了坚持人与自然和谐共生的治国方略。如何实现人与自然和谐共生：一是从理念上，要坚持绿水青山就是金山银山；二是从基本国策上，要坚持节约资源和保护环境；三是从态度上，要像对待生命一样对待生态环境；四是从治理方法上，要统筹山水林田湖草系统；五是从制度上，要实行最严格的生态环境保护制度；六是从践行方式上，要坚持绿色发展方式和生活方式；七是从道路上，要坚定走生产发展、生活富裕、生态良好的文明发展道路。纲举目张，这七点是必须确立的观念、态度、国策和践行的制度、方法、方式、道路。同时，坚持人与自然和谐共生的治国方略有两个指向的目标：一是建设美丽中国，为人民创造良好生产生活环境；二是为全球生态安全作出贡献。

2017年5月，习近平总书记在十八届中央政治局第四十一次集体学习时指出："如果经济发展了，但生态破坏了、环境恶化了，大家整天生活在雾霾中，吃不到安全的食品，喝不到洁净的水，呼吸不到新鲜的空气，居住不到宜居的环境，那样的小康、那样的现代化不是人民希望的。"这与乡村生态振兴、建设美丽乡村、建设美丽中国的目标背道而驰。因此，必须"坚持人与自然和谐共生，坚持节约优先、保护优先、自然恢复为主的方针，像保护眼睛一样保护生态环境，像对待生命一样对待生态环境，让群众望得见山、看得见水、记得住乡愁，让自然生态美景永驻人间，还自然以宁静、和谐、美丽"。同时，咬住问题不放松，"我们必须坚持节约资源和保护环境的基本国策，坚定走生产发展、生活富裕、生态良好的文明发展道路，加快建设资源节约型、环境友好型社会，推进美丽中国建设"。

在新的历史条件下，中国共产党把"坚持人与自然和谐共生"作为新时代推进生态文明建设必须坚持的重要原则和战略目标，作为坚持和发展中国特色社会主义的基本方略，致力于从更高层面上实现人与自然、环境与经济、人与社会的和谐，牢固树立尊重自然、顺应自然、保护自然的生态文明理念，大力弘扬以追求人与自然全面和谐为核心理念的生态文明主流价值观，全方位审视和应对经济社会发展所面临的严峻挑战，不断探索促进人与自然和谐共生的施政纲领和执政方略。只有这样，才能在全社会凝聚思想共识、汇聚智慧力量，全面认识和把握人与自然的关系，深入推动乡村生态振兴，共建天蓝、地绿、水清的美丽中国，推动形成人与自然和谐发展的现代化建设新格局，建成生态文明理念深入人心、生态环境制度健全完善、生态环境领域国家治理体系和治理能力现代化全面实现的人与自然和谐共生的生态文明社会。

二、乡村生态振兴的具体目标

具体来讲，乡村生态振兴应涵盖推进农业绿色发展、持续改善农村人居环境、加强乡村生态保护与修复、促进乡村旅游可持续发展、推动实现生态资源价值五方面的基本要求。这五方面有机统一、相辅相成，农业绿色发展和乡村旅游可持续发展是经济基础，农村人居环境改善和生态资源价值实现是迫切需求，乡村生态保护与修复是根本大计。

由于历史和现实的原因，一些乡村地区的产业结构与农业绿色发展的要求还有很大差距，农村人居环境整治任务艰巨，乡村生态保护与修复也面临很大的困难。因此，根据中共中央、国务院印发的《乡村振兴战略规划（2018—2022 年）》，我们可以看到在乡村生态振兴的战略目标之下，需实现三大重点领域的具体目标。

（一）推进农业绿色发展

农业绿色发展是以资源环境承载力为基准，以资源利用节约高效为基本特征，以生态保育为根本要求，以环境友好为内在属性，以绿色产品供给有力为重要目标的人与自然和谐共生的发展新模式。2017年9月，中共中央办公厅、国务院办公厅印发的《关于创新体制机制推进农业绿色发展的意见》指出："推进农业绿色发展，是贯彻新发展理念、推进农业供给侧结构性改革的必然要求，是加快农业现代化、促进农业可持续发展的重大举措，是守住绿水青山、建设美丽中国的时代担当，对保障国家食物安全、资源安全和生态安全，维系当代人福祉和保障子孙后代永续发展具有重大意义。"

因此，推进农业绿色发展，必须着力提升农业生产环境系统健康水平。要始终坚持以生态环境友好和资源永续利用为导向，着力推动形成农业绿色生产方式，实现"投入品减量化、生产清洁化、废弃物资源化、产业模式生态化"，不断提高农业可持续发展能力。同时，尊重农业发展规律，强化改革创新、激励约束和政府监管，转变农业发展方式，优化空间布局，节约利用资源，保护产地环境，提升生态服务功能，全力构建人与自然和谐共生的农业发展新格局，推动形成绿色生产方式和生活方式，实现农业强、农民富、农村美，为建设美丽中国、增进民生福祉、实现经济社会可持续发展提供坚实支撑。

（二）加强乡村生态保护与修复

生态系统具有水源涵养、土壤保持、防风固沙、洪水调蓄、保护生物多样性、固碳等生态系统调节功能和服务功能，对中国的经济与社会发展发挥着基础保障作用。中国的地理环境决定了中国生态系统的复杂多样，空间差异大，森林、湿地、草地、荒漠和农田是中国的主要生态系统类型，绝大部分分布在广袤的乡村。目前，中国的森林、湿地、草地等资源依然存在总量严重不足，分布不均衡，质量不高，结构不尽合理，

生态功能不强等问题，从总体上来看，我国仍然是一个缺林少绿、生态
脆弱的国家。

2018 年 6 月，《中共中央 国务院关于全面加强生态环境保护坚决打
好污染防治攻坚战的意见》指出："坚持自然恢复为主，统筹开展全国生
态保护与修复，全面划定并严守生态保护红线，提升生态系统质量和稳
定性。"此前，中共中央办公厅、国务院办公厅印发的《关于划定并严
守生态保护红线的若干意见》指出："以改善生态环境质量为核心，以
保障和维护生态功能为主线，按照山水林田湖系统保护的要求，划定并
严守生态保护红线，实现一条红线管控重要生态空间，确保生态功能不
降低、面积不减少、性质不改变，维护国家生态安全，促进经济社会可持
续发展。"

因此，加强乡村生态保护与修复，必须着力提升农村生态环境系统
健康水平。要大力实施乡村生态保护与修复重大工程，切实完善重要生
态系统保护制度，促进乡村生产生活环境稳步改善，自然生态系统功能
和稳定性全面提升，生态产品供给能力进一步增强，乡村自然环境更趋
优美。

（三）持续改善农村人居环境

开展农村人居环境整治是实现"农村美"的应有之义。为契合人民
群众对乡村生态振兴、美丽乡村的殷切期待、热切期盼，党的十九大报告
在提出"实施乡村振兴战略"时，便将"生态宜居"视为其应有之义和破
题的关键，这充分说明了党对人民群众向往美好生活的精准把握和积极回
应，充分彰显了对农业生产环境、农村生态环境、农民人居环境现状的清
醒认识和治理决心。

2018 年 1 月，《中共中央 国务院关于实施乡村振兴战略的意见》着

眼"生态宜居"家园的建设目标，明确提出了"三步走"的"路线图"
（如表4-2所示）。同时要求"坚持人与自然和谐共生"的基本原则，在
"推进乡村绿色发展，打造人与自然和谐共生发展新格局"中提出了统筹
山水林田湖草系统治理、加强农村突出环境问题综合治理、建立市场化多
元化生态补偿机制、增加农业生态产品和服务供给以及持续改善农村人居
环境等具体目标任务。

表4-2　乡村生态振兴与农村生态环境治理"时间表"

时间段（年）	新时代的国家建设目标	农村生态环境治理目标
2020	全面建成小康社会决胜期	农村人居环境明显改善，美丽宜居乡村建设扎实推进；农村生态环境明显好转，农业生态服务能力进一步提高
2020—2035	基本实现社会主义现代化	农村生态环境根本好转，美丽宜居乡村基本实现
2035—2050	建成富强民主文明和谐美丽的社会主义现代化强国	乡村全面振兴，农业强、农村美、农民富全面实现

资料来源：根据《中共中央　国务院关于实施乡村振兴战略的意见》等文件整理。

2018年2月，中共中央办公厅、国务院办公厅印发的《农村人居环
境整治三年行动方案》明确提出："改善农村人居环境，建设美丽宜居乡
村，是实施乡村振兴战略的一项重要任务，事关全面建成小康社会，事关
广大农民根本福祉，事关农村社会文明和谐。""到2020年，实现农村人
居环境明显改善，村庄环境基本干净整洁有序，村民环境与健康意识普遍
增强。具体分成三类地区：一是东部地区、中西部城市近郊区等有基础、
有条件的地区，人居环境质量全面提升，基本实现农村生活垃圾处置体系
全覆盖，基本完成农村户用厕所无害化改造，厕所粪污基本得到处理或资
源化利用，农村生活污水治理率明显提高，村容村貌显著提升，管护长效
机制初步建立。二是中西部有较好基础、基本具备条件的地区，人居环境

质量较大提升，力争实现 90% 左右的村庄生活垃圾得到治理，卫生厕所普及率达到 85% 左右，生活污水乱排乱放得到管控，村内道路通行条件明显改善。三是地处偏远、经济欠发达等地区，在优先保障农民基本生活条件基础上，实现人居环境干净整洁的基本要求。"

2018 年 12 月，中央农村工作会议强调"要抓好农村人居环境整治三年行动，从农村实际出发，重点做好垃圾污水处理、厕所革命、村容村貌提升"。可见，农村人居环境的改善作为乡村振兴的重要任务已经被提上议事日程。

2019 年 1 月，《中共中央 国务院关于坚持农业农村优先发展做好"三农"工作的若干意见》再次提出，要抓好农村人居环境整治三年行动，全面开展以农村垃圾污水治理、"厕所革命"和村容村貌提升为重点的农村人居环境整治，确保到 2020 年实现农村人居环境阶段性明显改善，村庄环境基本干净整洁有序，村民环境与健康意识普遍增强。

因此，持续改善农村人居环境，必须着力提升农民人居环境系统健康水平。要始终坚持以建设美丽宜居村庄为导向，以农村垃圾、污水治理和村容村貌提升为主攻方向，大力开展农村人居环境整治行动，加大农村基础设施建设力度，全面提升农村人居环境质量，使人文环境更趋舒适。

第三节　乡村生态振兴的内在要求

绿色发展、循环发展、低碳发展是科学发展的内在要求和迫切需求，是转变发展方式的本质特征，是包括乡村生态振兴在内的生态文明建设的标志性特征，既体现了乡村生态振兴和生态文明建设的基本内涵，也明确了推动乡村生态振兴和生态文明建设的基本途径和方式。推进绿色循环低

碳发展，已成为推动乡村生态振兴和加快生态文明建设的重要抓手和有效
着力点、落脚点。

一、绿色发展是主基调

绿色发展是乡村生态振兴的必然选择。作为一种新的发展模式，绿色
发展是以绿色为标志的生产生活方式，是在生态环境容量和资源承载力约
束条件下，将生态环境保护与发展作为实现可持续发展重要支柱的一种新
型发展模式，是最具有发展持续性和最具有发展活力的新型发展模式。它
是实现生产发展、生活富裕和生态良好等乡村振兴多维发展目标的有效方
式，追求的是人、自然生态、经济社会的协同发展。

农业要发展，生态环境必须美。乡村绿色发展是实现乡村经济与生态
共同发展的需要。走乡村绿色发展之路，可以从源头上扭转农村生态环境
恶化的趋势，切实保护和改善农村生态。这既可以为农业发展提供源源不
断的动力，也可以为农民创造良好的生产生活环境，实现物质文明与生态
文明的共同发展。乡村绿色发展是全面建成小康社会和建成富强民主文明
和谐美丽社会主义现代化强国的需要。当前，我国正处于全面建成小康社
会的决胜期，良好生态环境是全面落实"五位一体"总体布局、全面建成
小康社会的基础与前提。将绿色发展融入乡村振兴的各个方面，必须坚决
改变以破坏生态、污染环境、浪费资源为代价的发展模式，实现乡村生产
生活环境的全面改善，这是全面建成小康社会的基础，也是今后建成富强
民主文明和谐美丽社会主义现代化强国的底色。

2017 年，中共中央办公厅、国务院办公厅印发的《关于创新体制机
制推进农业绿色发展的意见》是指导当前和今后一个时期农业绿色发展的
纲领性文件，也是党中央出台的第一个关于农业绿色发展的文件，足见
党中央、国务院对农业绿色发展的高度重视。《国务院办公厅关于加快推

进畜禽养殖废弃物资源化利用的意见》(国办发〔2017〕48号)明确要求:"深入开展畜禽粪污资源化利用行动,加快推进畜牧业绿色发展。"可见,推动乡村生态振兴,坚持绿色发展势在必行。

农业农村本身就是一个完整的自然生态系统。只有尊重自然规律,科学合理地利用农业农村资源进行生产活动,才能在获得稳定农产品供给的同时,有效直接地保护和改善生态环境质量,促进乡村绿色发展。如传统的"桑基鱼塘"农业模式,被国外喻为"最完善的农牧渔结合形式";浙江省青田稻鱼共生系统、云南省红河哈尼稻作梯田系统、贵州省从江侗乡稻鱼鸭复合系统,都是这方面的典范。浙江省正在施行的主体小循环、园区中循环、县域大循环模式,既让中国传统农业低消耗、低污染、低排放的思想重放光芒,更是通过融合现代科学技术,打破了传统小农经济生产力水平过于低下的瓶颈,在更高的生产力水平上实现了高产量、高效益、高循环的现代农业绿色发展。

二、循环发展是主旋律

循环发展是乡村生态振兴的必然选择。循环发展,是指从原来的线性生产方式转变成循环利用的生产方式,循环利用即从原材料到生产再到产品,中间没有废料产出,原料又可以进入新的生产过程。循环发展,作为一种科学的发展观,一种新的经济发展模式,以破解环境难题为内在要求,是解决资源约束的治本之策,是实现可持续发展的迫切需求。

无论是在生产生活过程中,还是在流通、消费等各环节中,必须改变资源依赖,注重资源节约、循环利用、高效利用,坚持"减量化、再利用、资源化"原则,推进生产、流通、消费各环节的循环经济发展,树立新的系统观、发展观、价值观、生产观、消费观,加快构建覆盖全社会的资源循环利用体系。

2019 年 1 月，《中共中央 国务院关于坚持农业农村优先发展做好"三农"工作的若干意见》指出："发展生态循环农业，推进畜禽粪污、秸秆、农膜等农业废弃物资源化利用，实现畜牧养殖大县粪污资源化利用整县治理全覆盖，下大力气治理白色污染。"生态循环农业属于循环经济和循环发展，是以生物间的生态链为基础，以资源节约为目标，按照循环模式进行生产的农业，是集约化经营与生态化生产有机结合的一种现代化农业，具有高产、高效、可持续发展的特点。要转变农业发展方式，必须大力实施生态循环农业。加快促进种养结合循环农业发展，通过加强种养结合，推动农业生产过程减量化、再利用、资源化，提高农业资源循环利用效率，遏制和减少农业面源污染，促进农业可持续发展，实现高效、产品安全、资源节约、环境友好的农业现代化。

生态循环是中国农业的优良传统。据《沈氏农书》和《补农书》记载，以农副产品喂猪，以猪粪肥田；或者以桑叶饲羊，以羊粪壅桑；或者以鱼养桑，以桑养蚕，以蚕养鱼，桑蚕鱼相结合，这样不仅可以使农业生产结构得以优化，而且可以使生态循环趋向平衡。今天，贵州省紫云苗族布依族自治县板当镇积极探索发展现代山地生态循环农业发展新模式，将菌草加工成饲料用于家禽畜牧渔产养殖，产生的粪便废弃物及时回收加工成生物有机肥，有机肥再循环利用作为菌草种植的肥料，从而构造山地乡村发展新生态，将"绿水青山"化为"金山银山"，唱响了一首农村美、农业强、农民富的生态循环农业协奏曲。

三、低碳发展是主音符

低碳发展是乡村生态振兴的必然选择。低碳经济是低碳发展的重要方式，与绿色发展紧密相关。低碳是指较低的以二氧化碳为主的温室气体排放。低碳经济是以低能耗、低污染、低排放为基础的新型发展模式，有别于以前高能耗、高污染、高增长的发展模式和追求规模的 GDP 中心论，在可持续发展理念指导下，通过技术创新、制度创新、产业转型、新能源开发等手段，尽可能减少煤炭、石油等高碳能源消耗，减少温室气体排放，达到经济社会发展与生态环境保护双赢目标，引领经济社会发展新风尚。

低碳发展为协调经济发展与环境保护、社会进步与人类可持续发展提供了必然选择，要求实现一系列的转变：在经济增长方式上，由单向度地追求经济高速增长向经济、社会、环境关系相协调的包容性增长转变；在资源利用上，由资源低效单次利用向资源高效循环利用转变；在生产方式上，由工业文明时期追求经济数量的高增长向生态文明时代追求人民群众生活的高质量和人的全面发展转变。社会经济发展不再追求物质财富的指数积聚，而是追求高质量、低消耗、低污染、低排放物质生产方式。在发展过程中，既满足人类自身生存需要，又不损害其他物种的繁衍生息；既满足当代人生存与发展的需要，又能满足后代人的可持续发展需要。

乡村低碳发展是顺应世界低碳趋势、符合中国国情的现实选择，能及时、有效转变农村传统的生产生活方式，积极将低碳、节能、环保理念贯穿于乡村生产、生活全过程，构建能源结构向清洁化方向转型、生产结构向高端高效演进、空间布局向紧凑集约优化、环境整治向美丽和谐目标建设的乡村发展模式。

总之，绿色发展与循环发展、低碳发展的关系，既十分相近又具有各自特定的含义。从含义广狭的角度来分析，三者互相包容，绿色发展的含义最广，循环发展其次，低碳发展最窄。从特指的含义来看，三者之间存在着并列关系，绿色发展指向环境危机，循环发展指向资源危机，低碳发展指向气候危机（如表4-3所示）。

表 4－3　绿色发展与循环发展、低碳发展的关系

比较项目	绿色发展	循环发展	低碳发展
对应的经济	绿色经济	循环经济	低碳经济
反面的经济	黑色经济	线性经济	高碳经济
基本内涵	以促进生态修复、环境不断改善为前提的发展模式	以各种资源的减量化、再使用、再循环为基本特征的发展模式	以二氧化碳为主的温室气体的减排为基本特征的发展模式
应对的问题	应对环境危机 建设环境友好型社会	应对资源危机 建设资源节约型社会	应对气候危机 建设气候友好型社会
含义的广狭	最广（绿色发展可包括循环发展、低碳发展）	中间（循环发展可包括低碳发展）	最窄（低碳发展是绿色发展、循环发展的一个方面）

　　21 世纪是人类社会发展全面迈向生态文明和绿色发展、循环发展、低碳发展的世纪，中国正全面致力于包括乡村生态振兴在内的生态文明建设的伟大实践。

第五章

第五章

脱贫攻坚与乡村生态振兴的衔接路径

全面振兴的乡村首先应该是绿色乡村、美丽乡村、宜居乡村。坚持以乡村生态振兴推进绿色美丽宜居乡村建设，深入推进农业绿色发展，加强乡村生态保护与修复，持续改善农村人居环境，为 14 亿中国人提供优质安全健康的农产品和优美的生态环境、人居环境，有效保障人民身心健康，事关全面建成小康社会，事关广大农民的获得感和幸福感，事关农村社会文明和谐。我们要统筹谋划、系统施策、全程管控、全民参与、久久为功，在推动乡村生态振兴方面迈出坚实步伐。

第一节　深入推进农业绿色发展

农业是立国之本、兴邦之本、安民之基。农业不仅是国民经济的基础，还是生态文明建设的重要组成部分。绿色发展既是农业发展的目标，也是农业发展的重要理念、举措和方式。中国农村实施改革开放以来，农业生产取得了举世瞩目的成就，为有效保障世界粮食安全作出了巨大贡献。同时，我们也应清醒、清楚地看到，农业生产在获取巨大成就时所付出的高昂的生态环境代价。因此，必须努力推进农业绿色发展。

一、深入推进农业绿色发展的评价思路

农业是人民群众赖以生存和发展的基础，如果农业生态安全和农产品质量安全无法保障，将会制约其他一切经济的发展和社会的进步以及人类的永续发展。因此，要着力构建适用于全国不同地区、不同类型农业绿色

发展评价的指标体系与评价办法，切实增强全国各地农业绿色发展的危机意识、忧患意识、责任意识、法纪意识和标准意识，为推进农业绿色发展提供方向指引和决策参考。

中共中央办公厅、国务院办公厅印发的《关于创新体制机制推进农业绿色发展的意见》从推进农业绿色发展重点任务的视角，将农业绿色发展定义为"以绿水青山就是金山银山理念为指引，以资源环境承载力为基准，以推进农业供给侧结构性改革为主线，尊重农业发展规律，强化改革创新、激励约束和政府监管，转变农业发展方式，优化空间布局，节约利用资源，保护产地环境，提升生态服务功能，全力构建人与自然和谐共生的农业发展新格局"。

（一）要充分体现"绿水青山就是金山银山"的发展理念

习近平总书记在全国生态环境保护大会上指出，要坚持"绿水青山就是金山银山，贯彻创新、协调、绿色、开放、共享的发展理念，加快形成节约资源和保护环境的空间格局、产业结构、生产方式、生活方式，给自然生态留下休养生息的时间和空间"。绿水青山就是金山银山是习近平总书记对绿色发展的系统、全面论述，是新时期农业绿色发展的重要指南。农业绿色发展的评价必须要以绿水青山就是金山银山发展理念为根本遵循，评价指标体系的设计要充分体现以该理念为指引的农业绿色发展的新内涵。

（二）要充分体现资源环境承载力的基准底线

耕地是农业发展之基，水是农业生产之要。当前，中国资源利用的弦绷得越来越紧，各种资源越来越有限，必须将各类开发活动限制在资源环境承载能力之内，"资源开发利用既要支撑当代人过上幸福生活，也要为子孙后代留下生存根基"。农业绿色发展评价要以资源环境承载力为基准，通过设计耕地保有率、天然草原保有率和草畜平衡率等指标，充分体现落实构建生态功能保障基线、环境质量安全底线和自然资源利用上线的要求。

（三）要充分体现制度创新的内生动力

"只有实行最严格的制度、最严密的法治，才能为生态文明建设提供可靠保障。"制度建设是推进农业绿色发展的必由之路。农业绿色发展评价，既要定量测算各地农业绿色发展水平，又要充分考虑各地农业绿色发展相关制度体系建设，可设计重要农业资源台账制度、农业产业准入负面清单制度构建情况等定性指标，通过实地考察和专家打分有机结合的方式予以评价。

（四）要充分考虑不同地区发展水平和生态差异

中国幅员辽阔，生态类型多样，各地农业资源本底条件、经济发展基础、农业发展水平等都存在较大差异，不同地区的农业绿色发展水平也有差别，一些地区已探索出较成功的经验模式与制度框架，还有些地区依然处于初步试验探索阶段。构建农业绿色发展评价指标体系，需充分考虑区域的差异性，以保证指标的公平性和可比性。为此，在定量指标选取上尽量不使用化肥施用量等总量性指标，应选取相对变化率来衡量各地农业绿色发展水平。同时，针对各地农业生态差异设计菜单指标，如评价华北地下水超采区、西南石漠化地区等生态环境问题突出地区的修复治理情况，其菜单指标应有差异。

（五）要充分服务于农业绿色发展考核

客观、科学的评价是农业绿色发展考核的前提。农业绿色发展评价的结果要能适用于全国不同区域的比较以及各区域农业绿色发展进展程度的分析，因而，在设计农业绿色发展评价体系时，需针对全国不同地区横向比较与某一地区纵向比较选取不同的评价方法，测算不同地区的农业绿色发展水平和自身进步程度，从而更为客观地服务于各地农业绿色发展考核。

农业绿色发展包括农业生产、农民生活、自然生态和农村社会绿色发展等方面，是更为注重资源节约、生态保育、环境友好和农产品安全与质量的高质量发展；它不仅有利于保护水土资源，保障农产品的质量安全，提高中国农产品的国际竞争力，而且有利于提高人民群众的健康水平，全面推进农村生态文明建设，充分发挥绿色发展在乡村生态振兴中的引领作用。

二、深入推进农业绿色发展的政策措施

当前，农业绿色发展理念已深入人心，推进农业绿色发展的"四梁八柱"也已初步构建，这是农业发展观的一场深刻革命，目前最关键、最迫切的是要加快改革创新，尤其是要加快体制机制创新，健全、优化创新驱动与约束激励机制。同时，严格执行各项法律法规和制度，执法必严，违法必究，切实发挥法律和制度的作用，大力加强农村生态、生产、生活环境系统的保护与提升，确保农产品质量安全。

（一）加快构建支持农业绿色发展的科技创新体系和标准体系

着力推进农业绿色发展，既要牢固树立新发展理念，也要有与之相适应的绿色生产技术和创新体系、标准体系。要及时清理、废止与农业绿色发展不相适应的标准和行业规范。建立完善科研单位、高校、企业等各类创新主体协同攻关机制，在农业投入品减量高效利用、废弃物资源化利

用、产地环境修复、资源监测评价和农产品绿色加工贮藏等领域尽快取得一批突破性、标志性科研成果。制（修）订一批与产地环境、农业投入品、农业产中产后安全控制、作业机器系统与工程设施配备、农产品质量等相关的符合绿色发展要求的国家标准、行业标准；制（修）订农兽药残留、畜禽屠宰、饲料卫生安全、冷链物流、畜禽粪污资源化利用、水产养殖尾水排放等国家标准、行业标准。改革无公害农产品认证制度，提升绿色食品、有机农产品和地理标志农产品等认证的公信力和权威性。建立统一的绿色农产品市场准入标准，强化农产品质量安全认证机构监管和认证过程管控。实施农业绿色品牌战略，培育具有区域优势特色和国际竞争力的农产品区域公用品牌、企业品牌和产品品牌。加强农产品质量安全全程监管，健全与市场准入相衔接的食用农产品合格证制度，依托现有资源建立国家农产品质量安全追溯管理平台，加快农产品质量安全追溯体系建设。积极参与国际标准的制定、修订，推进农产品认证结果互认。

（二）完善以绿色生态为导向的农业补贴制度体系

根据财政部、农业部联合印发的《建立以绿色生态为导向的农业补贴制度改革方案》，在系统梳理现有农业资源养护、农业结构调整、绿色高效推广、资源高效利用、农业清洁生产等重点领域、关键环节农业补贴政策的基础之上，加快完善相关农业补贴和生态补偿政策，积极探索建立以绿色生态为导向的农业补贴制度体系，创新绿色生态农业金融保险产品。确保到 2020 年基本建成以绿色生态为导向、促进农业资源合理利用与生态环境保护的农业补贴政策体系和激励约束机制，进一步提高农业补贴政策的精准性、指向性和实效性。大力完善耕地、草原、森林、湿地、水生生物等生态补偿政策，继续支持退耕还林还草。

（三）建立生态补偿机制和完善农业资源环境生态监测预警体系

首先，要对支持、推动农业绿色发展的生产行为予以补偿，在机制构建中要明确补偿行为、补偿主体、补偿范围、补偿对象和补偿标准等，真正、充分发挥生态补偿机制应有的作用。其次，要全面摸清和动态掌握农业资源家底，加快建立重要农业资源台账制度，建立健全耕地、草原、渔业水域、生物资源、产地环境以及农产品生产、市场、消费信息诸方面监测体系，构建"天空地"数字农业管理系统，逐步实现监测与评价、预报与预警的常态化和规范化，夯实农业绿色发展的本底。

（四）健全农业绿色发展试验示范体系

继续全力推进农业绿色发展畜禽粪污资源化利用行动、化肥农药使用量零增长行动、果菜茶有机肥替代化肥行动、农作物秸秆综合利用行动、农膜（地膜）综合利用行动、农业面源污染防治技术推广行动、农业绿色发展宣传行动和以长江为重点的水生生物保护行动，多措并举，在不同的区域结合实际整体创新推进农业绿色发展。继续抓好农业绿色先行区的建设和管理，加快形成一批适宜不同类型特点、不同地域的农业绿色发展模式，为全面推动形成农业绿色生产方式和生活方式提供示范和样板。积极争取政策支持，对绿色发展先行区的改革创新予以补助奖励。

（五）完善推进农业绿色发展的法律法规体系

以耕地保护、农业污染防治、农业生态保护、农业投入品管理等为重点，加快制（修）订体现农业绿色发展需求的法律法规，着力提升农业绿色发展的制度化、法制化水平。同时，加大执法和监督力度，坚决依法依规严厉打击破坏农业资源环境的违法行为。特别是要实行最严格的耕地保护制度、最严格的水资源管理制度，对耕地和水资源进行深度有效保护，确保农业生产对优质耕地、优质灌溉用水的需求。可充分借鉴中央环保督察的成功经验，尽快建立中央耕地、水资源督察机制，以便从根本上解决耕地和水资源保护中的违法违规问题。

（六）加快建立农业绿色发展考核制度体系

在绿色发展指标体系的基础上，完善农业绿色发展评价指标，对各地农业绿色发展开展评价和部门联合督查。按照落实《关于创新体制机制推进农业绿色发展的意见》分工方案，定期开展工作调度和督导。结合生态文明建设目标评价考核工作，对农业绿色发展情况进行评价和考核，并纳入政府考核范围。建立奖惩机制，对在农业绿色发展中取得显著成绩的单位和个人进行表彰，对落实不力的给予问责。开展农业绿色发展全民行动，不断提高公众绿色发展意识。

三、深入推进农业绿色发展的主要任务

农业绿色发展的生命力、活力，在于将绿色发展理念转化为生态经济效益，这是一个系统工程和长期战略，一朝一夕难以实现，要持之以恒、久久为功。当前和今后的一个时期，深入推进农业绿色发展需要重点抓好以下几方面任务。

（一）坚持"发展和保护相统一"的理念，优化农业主体功能与空间布局

深入推进农业绿色发展，必须坚持发展和保护相统一，注重在发展中保护，在保护中发展。农业主体功能和空间布局是实现绿色发展的重要基

础、前提和保障。要重点围绕解决资源错配和供给错位的结构性矛盾，落实农业功能区制度，推动农业生产力合理布局，建立农业资源环境保护利用管控、农业绿色循环低碳生产等制度，建立贫困地区农业绿色开发机制。

第一，合理区分城市城镇空间、农业空间和生态空间。立足水土资源的匹配性，将农业发展区域细划为优化发展区、适度发展区、保护发展区，明确区域发展重点。优化农业生产力区域布局，坚持最严格的耕地保护制度，严格控制城市城镇空间扩张，严格管控耕地、草原、渔业水域、湿地等用途，严控围湖造田、滥垦滥占草原等不合理开发建设活动对资源环境的破坏，切实保护好平原和城市周边的永久基本农田，积极发挥农业的生态、景观和间隔功能，大幅提升农业的生态效能。

第二，坚持农业生产与资源环境承载力相匹配。以资源环境承载力为基准，按照优化发展区、适度发展区、保护发展区的布局，积极引导农业发展向优势区聚集，防止和解决空间布局上资源错配和供给错位的结构性矛盾，努力建立反映市场供求与资源稀缺程度的农业生产力布局。建立农业产业准入负面清单制度，因地制宜制定禁止和限制发展产业名录，积极控制种养业发展规模和强度。

第三，坚持以系统思维布局农业生产。将绿色导向贯穿于农业发展的全过程，推行绿色生产方式，严禁侵占水面、湿地、林地、草地等生态空间的农业开发活动，构建田园生态系统。着力优化种养业结构，推行标准化生产，发展生态健康养殖，增加绿色优质农产品供给。遵循生态系统整体性、生物多样性规律，立足空间均衡和稳定，明确区域生产功能，保障国家粮食安全和重要农产品有效供给。

第四，大力推动生态农业发展。发展生态农业是新时代推动农业绿色发展的必然要求，要着眼乡村生态振兴大力推进生态农业发展，坚持以市场需求为导向，更好地满足人民群众对绿色、有机农产品的消费需求，积极开发生态农业多种功能，深入推进生态农业与文化、旅游、康养、体育等产业深度融合，着力提升生态农业养眼、洗肺、悦心的生态价值、休闲价值和文化价值，更好地满足城乡人民群众对农产品安全优质、营养健康的消费需求。一是要编制一批发展规划，为生态农业、环境保护、土地利用提供指导性意见；二是出台一批扶持政策，以促进产业生态化和生态产业化，支持生态农业发展；三是培育一批生态产业，大力拓展"生态+"模式；四是发展一批生态农场，着力打造种、养、农田景观相结合的生态农业综合体；五是壮大一批生态农庄，发展休闲旅游观光产业；六是培养一批生态农民，以推进生态农业可持续发展；七是构建一批信息平台，积极构建生态示范农场产地环境、资源消耗、农产品追溯、消费者服务信息一体化的综合信息平台。

第五，大力发展绿色生态产业。积极培育一批生态产业，大力拓展"生态+"模式，做大做强生态产业。将乡村绿化美化与林草产业发展相结合，培育林草产业品牌，推进乡村一二三产业融合发展，带动乡村林草产业振兴。做好"特"字文章，发展具有区域优势的珍贵树种用材林及干鲜果、中药材、木本油料等特色经济林。推广林草、林花、林菜、林菌、林药、林禽、林蜂等林下经济发展模式，培育农业专业合作社、家庭林场等新型经营主体，推进林产品深加工，提高产品附加值。用好古村落民居、民俗风情、名人古迹、古树名木、乡村绿道等人文和自然景观资源，大力发展森林观光、林果采摘、森林康养、森林人家、乡村民宿等乡村旅游休闲观光项目，带动农民致富增收。

（二）坚持"尊重自然、顺应自然、保护自然"的理念，强化资源保护与节约利用

深入推进农业绿色发展，必须尊重自然、顺应自然和保护自然，要重

点建立耕地轮作休耕、节约高效农业用水等制度，健全农业生物资源保护与利用体系，加强农业生物多样性保护，着力强化渔业资源养护修复。

第一，切实强化耕地资源保护。必须守住 18 亿亩耕地数量红线，严防死守耕地质量底线，这是确保国家粮食安全的根基，丝毫动摇不得。要建立耕地轮作休耕制度，集成推广绿色生产、综合治理的技术模式，在确保国家粮食安全和农民收入稳定增长的前提下，让耕地休养生息，实现永续利用。建议借鉴中央环保督察的成功经验，尽快成立中央耕地督察委员会，同时建立相应的长效机制，在全国范围内深入开展耕地保护督察行动，并建立督察信息公开机制，接受人民群众的监督，及时解决耕地资源保护中的违规违法问题。

第二，大力推进节水农业发展。建立节约高效的农业用水制度，推行农业灌溉用水总量控制和定额管理，着力提高农业用水效率。要强化农业取水许可管理，严格控制地下水利用，加大地下水超采治理力度。采取有效措施，积极推广农业节水技术，不断提高农民有偿用水意识和节水积极性、主动性、创造性。

第三，坚决保护生物多样性。加强野生植物资源和畜禽遗传资源保护，加大野生动植物自然保护区建设力度，开展濒危动植物物种专项救护，完善野生动植物资源监测预警体系，努力遏制生物多样性减退速度。建立农业外来入侵生物监测预警体系、风险性分析和远程诊断系统，严格防范外来物种入侵。

（三）坚持"绿水青山就是金山银山"的理念，加强产地环境保护与治理

自然生态是有价值的，良好的自然生态在一定的条件下必然会变成稀缺资源。深入推进农业绿色发展，要牢固树立生态就是资源、生态就是

生产力的思想，坚决把保护自然生态放在优先位置。要紧扣农业投入品和农业废弃物资源化利用问题，建立工业和城镇污染向农业转移防控机制，健全化肥、农药等农业投入品减量使用制度，完善农作物秸秆、畜禽粪污等资源化利用制度，建立健全废旧地膜和农药包装废弃物等回收处理制度。

第一，严防工业和城镇污染向农业转移。制定农田污染控制标准，建立健全法规标准体系。建立监测体系，统一规划、整合优化土壤、水质等环境质量检测网络。严格工业和城镇污染物处理和达标排放，依法禁止未经处理达标的工业和城镇污染物进入农田、养殖水域等农业区域。

第二，提高农业废弃物资源化利用水平。农作物秸秆要坚持因地制宜、农用为主、就地就近的原则，大力推进肥料化、饲料化、燃料化、原料化、基料化利用。畜禽粪污要以沼气和生物天然气为主要处理方向，以就地就近转化为农村能源和农用有机肥为主要使用方向。农膜以加厚地膜应用、机械化捡拾、专业化回收、资源化利用为主攻方向综合治理。鼓励发展病死畜禽无害化处理，加快推进动物毛骨血等农产品加工副产物、废弃物综合利用。

第三，持续推进化肥农药减量增效。全面加强农业面源污染防控，科学合理使用农业投入品，不断提高使用效率，减少农业内源性污染。普及和深化测土配方施肥，改进施肥方式，鼓励使用有机肥、生物肥料和绿肥种植，特别是要继续在苹果、柑橘、蔬菜、茶叶优势产区开展果菜茶有机肥替代化肥试点，实现化肥施用减量。转变病虫防控方式，大力推广化学农药替代、精准高效施药、轮换用药等科学用药技术和高效、低毒、低残留农药、生物农药以及先进施药机械，深入推进病虫害统防统治和绿色防控，实现农药施用减量并且负增长。

（四）坚持"山水林田湖是一个生命共同体"的理念，养护修复农业生态系统

农业和环境最具相融性，稻田是人工湿地，菜园是人工绿地，果园是人工园林，梯田是人工景观，都是"生态之肺"。深入推进农业绿色发展，必须高度重视农业生态安全，将山水林田湖草作为完整的生态系统予以规划和管理，构建科学合理的农业生态安全格局，促进粮经饲统筹、农林牧渔结合、种养加一体、一二三产业融合，重点构建田园生态系统，推进草原生态保护与恢复，加强水生生态保护修复、林业和湿地养护等，实现农业永续发展。

第一，着力打造环境优美的田园生态系统。树立"山水林田湖是一个生命共同体"的发展理念，不断优化乡村种植、养殖、居住等功能布局，积极拓展农业多种功能，着力打造种养结合、生态循环、环境优美的田园生态系统。遵循生态系统整体性、生物多样性规律，合理确定种养规模，建设完善生物缓冲带、防护林网、灌溉渠系等田间基础设施，恢复田间生物群落和生态链，实现农田生态良性循环。同时，大力发展生态循环农业，着力推进农业资源利用节约化，构建点串成线、线织成网、网覆盖面的生态循环农业示范体系。

第二，全面加强草原保护建设。稳定和完善草原承包经营制度，建立草原生态空间用途管制制度，明确草原生态保护红线，完善基本草原保护制度，推进落实草原生态补偿机制。建立草原资源动态监测预警制度，开展草原承载力监测预警评估。建立草原资源资产专业统计制度。加强严重退化、沙化草原治理力度。严格落实草原禁牧、休牧、轮牧和草畜平衡制度，实现草原资源的永续利用。

第三，加强保护与修复水生生态系统。科学划定江、河、湖、海的限

捕、禁捕区域，健全海洋伏季休渔和长江、黄河、珠江、淮河、海河、湘江等重点河流禁渔期制度，率先在长江流域水生生物保护区实现全面禁捕。积极采取流域内节水、适度引水和调水、利用再生水等措施，增加重要湿地和河湖生态水量，实现河湖生态修复与综合治理。大力加强水生生物自然保护区和水产种质资源保护区建设，继续实施增殖放流，推进水产养殖生态系统修复。不断加大海洋渔业生态保护力度，严格控制捕捞强度。切实加强自然海岸线保护，适度开发利用沿海滩涂，重要渔业海域禁止实施围填海，积极开展以人工鱼礁建设为载体的海洋牧场建设。

第四，全面加强林业和湿地养护。建设覆盖全面、布局合理、结构优化的农田防护林和村镇绿化林带。严格实施湿地分级管理制度，严格保护国际重要湿地、国家重要湿地、国家级湿地自然保护区和国家湿地公园等重要湿地。深入开展退化湿地恢复和修复，严格控制开发利用和围垦强度。加快构建退耕还林还草、退耕还湿、防沙治沙以及石漠化、水土流失综合生态治理长效机制。

四、农业绿色发展：淳安县下姜村以高质量脱贫攻坚促乡村振兴①

在浙江省，大量的农村分布在山区，耕地稀缺，农民缺少致富门路。淳安县枫树林镇下姜村作为地处浙西偏远山区的一个远近闻名的贫困村，以前农民增收的途径就是砍柴烧炭、养猪喂牛，导致山林毁坏、水体污染。由于环境差、交通不便，当时村里流传着"土厢房，半年粮，烧木炭，有女莫嫁下姜男"的民谣。

2003 年 4 月，时任浙江省委书记的习近平同志来村调研，鼓励村民

---

① 案例素材来源：深入实地调研，并根据淳安县发展和改革委员会提供的资料整理、提炼而成。

要艰苦奋斗，指出乡村发展要靠村民自身努力，并将该村作为自己的基层联系点。在习近平同志的悉心指导和深切关怀下，下姜村循着"经济持续发展，村容村貌进一步改善，群众生活越来越好"的目标，坚定不移地践行"绿水青山就是金山银山"理念，如今走出了一条农业绿色发展之路，逐步从一个落后偏僻的小山村变为美丽乡村的治理样板，成为杭州、浙江和中国美丽乡村建设的缩影和代表。2018 年，下姜村实现农村经济总收入 6873 万元，是 2001 年的 21.68 倍；村集体经济收入 198 万元，是 2001 年的 396 倍；农民人均可支配收入 3.3137 万元，是 2001 年的 15.32 倍，超过杭州市平均水平。总结下姜村的发展经验，对于推进山区农村的脱贫攻坚和全面小康，实现山区乡村振兴具有一定的借鉴意义。

（一）淳安县下姜村农业绿色发展的经验与做法

下姜村通过道路硬化、卫生改厕、河沟清淤、污染整治、农房改造和保护山林、发展产业等一套"组合拳"打下来，实现了从"脏乱差"到"绿富美"的华丽转身。如今的下姜村山清水秀、翠竹掩映、街道整洁，成了浙江省名副其实的美丽乡村。

第一，坚持以改革促发展，通过"耕地流转 + 资本引入"，加快实现农业产业化。加快土地流转，是下姜村推进农业现代化进程、促进农业产业结构调整的重要举措。下姜村是穷乡僻壤，人多地少，传统小农生产模式显然不能发展农业生产。2011 年，下姜村开始了大规模土地流转，生产要素重新组合，促进了生产方式的转变。农民通过土地流转，每亩土地每年能拿到 1200 元的租金和分红，再到各个农业基地打工，成为职业农民，拿工资收入。更重要的是，通过土地流转集中耕地可以引入工商资本、社会资本投资特色农业，加快农业转型升级，实现农业产业化，并带动乡村一二三产业融合发展。同时，能集约土地，虽然建设年年搞，但村里的耕地面积却从 2001 年的 540 亩增加到现在的 650 亩。

第二，坚持以保护促发展，通过"环境整治＋清洁能源"，加快实现农村生态化。2003 年，在政府支持下，村里开始建设沼气项目，既解决了猪粪满地的环境问题，也解决了伐木烧炭的能源问题。沼气池的建设和使用，成为下姜村美丽乡村建设的突破口。保护生态环境也成为下姜村发展过程中的一个重要转折：一是不断加大生态保护和环境治理力度，兴建集体养猪场，村民养的猪集中到猪场，旁边配套建设 1 座 100 立方米集中供气沼气池，猪圈里的粪便污水全部流进沼气池。在"无违建县"和"五水共治"工程中，全村拆违拆旧 5427.69 平方米，农村治污工程总管网长度达 8032 米，新建化粪池 133 个、窨井 717 个。二是建立起"户集、村收、镇运、县处理"的垃圾清运新模式，村民严格按照垃圾分类的要求，自觉养成分类投放垃圾的习惯，乱丢垃圾的现象越来越少。三是不断优化村庄人居环境，先后完成 240 幢 46391 平方米房屋的立面整治和墙体美化，完成游径线及村内小道铺装 7000 平方米、人行道铺装 1000 余平方米，每家的农舍庭院都成为景观小品。四是坚持规划引领，编制完成《美丽乡村精品村总体规划》《农业产业发展规划》《景观规划》等 6 大规划和 35 项水利、交通、道路等项目设计方案，全力推进美丽乡村精品村建设。

第三，坚持以特色促发展，通过"观光农业＋循环农业"，加快实现农业特色化。下姜村四面环山，林地面积 1 万多亩，用来种植农作物的耕地仅 650 亩，户均也就几亩地。土地流转后，逐步规模化发展葡萄园、草莓园、桃园等特色种植，仅特色种植一项村民就人均增收 2000 多元。通过规模集约的特色种植，也带动了农业生态旅游发展，如今的下姜村春季可赏桃花，夏季可采摘桃子、葡萄，冬季能品尝草莓，一年四季花开不断、蔬果飘香，走上了一条农旅结合的生态发展道路。同时，充分利用林地，积极发展林下经济和立体种植，围绕传统的茶叶、毛竹、蚕桑、中药材"四片叶子"开展山林种植；大力发展生态养殖业，以前户户养猪，污水遍地，如今建成集中养猪场，从农户散养变集中养殖，猪粪集中排到大型沼气池；利用 400 亩竹园建设生态散养鸡场，养殖规模超 2 万只，销售额每年近 500 万元，鸡粪被用来作为水蜜桃树的肥料，实现了循环利用。

第四，坚持以绿色促发展，通过"生态旅游 + 民宿经济"，加快实现产业多元化。生态环境的持续改善和生态农业的发展，让村庄变美了，交通改善了，游客慕名而来，村委会带领村民开起民宿、兴办农家乐。为提高村民办民宿的服务水平，村委会还组织村民外出考察取经，学习如何兴办农家乐，并加大服务、餐饮培训力度，对庭院提质改造，着力提升民宿品质和水平。乡村旅游经济的快速发展，吸引了许多外出务工的村民回乡创业。至今，下姜村已有民宿 30 家，498 个床位。还布局了 35 个美丽乡村精品建设项目，新建集餐饮、观光、会议于一体的葡萄餐厅，发展农旅融合的设施农业产业。随着游客的增加，2016 年，下姜村成立了下姜旅游管理实业有限公司，实行"统一规划、统一管理、统一营销、统一分客、统一结算"的运作模式；探索入股联营机制，成立下姜实业发展有限公司，鼓励村民以人口、现金、资源入股公司发展"下姜猪栏餐厅"；还成功创建了国家 3A 级景区，与 30 多家旅行社签订合作协议建立稳定合作关系。2018 年，下姜村接待游客 46.19 万人次，旅游经济收入 3010 万元，实现了从"乡村丑小鸭"到"深山绿富美"的逆袭和跨越。

第五，坚持以管理促发展，通过"组织建设 + 村民自治"，加快实现治理现代化。自 2003 年 4 月 24 日第一次到下姜村，时任浙江省委书记的习近平同志在不到两年的时间内五到下姜村，都强调要切实加强组织建设，不断提高战斗力、凝聚力、创造力；党员干部要争做发展带头人、新风示范人、和谐引领人和群众贴心人。下姜村的转型发展，离不开强有力的村级基层组织建设，现有 43 名党员，努力践行群众路线，坚持党员带头干，带领群众一起干，积极兴办农业产业园，打造民宿经济，让群众真满意、得实惠，为乡村振兴提供了坚强的政治保证和组织保证。同时，村委会建立了维护群众利益的各项制度，凡是结对扶贫资金由市县两级农办委托第三方每年进行一次专题审计，立查立纠；凡是用扶贫资金实施的项目，必须在村里公示公告；凡是扶贫资金一律纳入县乡两级专户管理，封闭运行，并严格实行县级报账制。近年来，下姜村多次荣获杭州市先进基层党组织、浙江省先进基层党组织、全国创先争优先进基层党组织等称号。今天的下姜村，既是经济示范村，更是党建示范村。

（二）对山区农村加快农业绿色发展的几点启示

在决胜全面建成小康社会之际，要同时打赢精准脱贫与污染防治两大攻坚战，必须切实转变发展方式，协同推进生态环境保护与经济发展。当前，无论是精准脱贫还是乡村振兴，农民都是发展的主体，要广泛、深入开展政策宣传，让农民真切了解绿色发展的重要意义、参与方式等，让农民牢固树立生态环境保护就是治贫之举、振兴之策的意识，让农民深刻认识保护好生态环境就像保护好自己的眼睛，从而营造浓厚的农村生态环境保护和农业绿色发展氛围。

第一，深化农村土地制度改革，促进生产要素市场化配置。土地制度改革是乡村振兴的突破口，是发展农村经济的重要前提。尤其是山区农村人均拥有耕地少，要解决农业生产问题，更要重视农村土地确权改革，让山区农村的耕地、林地流转起来，让农民集体所有的山、田、林、房"活"起来，在让农民获得财产性收入的同时，促进农业的规模化生产。配合农村土地的流转，要进一步消除工商业资本、社会资本参与乡村振兴战略、投资农业农村的政策障碍，鼓励资本、土地、人口等生产要素的市场化配置。

第二，切实加强生态环境保护，实践"绿水青山"就是山区农村发展的"金山银山"。生态环境保护是当前最重要的治贫之举。从生态角度来看，下姜村的发展之路就是对习近平总书记"两山"理论最好的诠释。山区农村的优势是生态，亮点是绿水青山。以前，村民看不到绿水青山所蕴藏的生态价值，如今，随着人民群众生活水平和生活质量的提高，对生态环境的需求也不断提升，绿水青山逐渐凸显出其内在的经济价值。山区农村要打好生态牌，保护好山山水水，坚持绿色发展，大力发展生态农业、生态旅游、生态工业等生态产业，使农业生产和生态环境建设协调发展。同时，要大力发展农村循环经济，不仅可以减轻农村环境污染，还能缓解农村能源紧缺，又能提高农民的卫生健康水平。

第三，立足自身资源条件，农旅融合发展特色农业和美丽农业。生态环境保护是乡村长远振兴之策。乡村生态环境改善的直接受益者就是当地农民，生态振兴是最有效的振兴。良好的生态环境既是乡村振兴的目标要求，又是乡村振兴的支撑点，伴随着生态环境的改善，乡村显现出巨大的振兴潜力。当前，特色农业具有总量少、品质优、需求旺盛、附加值高等显著特点，并且非常适合山区立体化的种植条件。特色农业的规模化发展将成为山区农村经济的新增长点，并可以带动相关二、三产业的联动发展，形成特色产业集聚，带动广大山区经济跨越发展。山区农村在特色农业的选择上，要因地制宜、因村施策、突出特色，立足自身资源和条件构建"一乡一业、一村一品"的特色产业发展新格局。下姜村发展经济作物种植业、林下经济养殖业，依托丰富的山水资源发展乡村旅游业，是如今许多山区农村可复制的成功之路。结合自身的交通条件和环境条件，发展乡村生态旅游也是未来农村经济发展的重要途径。

第四，加强基层组织建设，充分发挥党员致富领头雁作用。习近平总书记强调，基层组织是党的全部工作和战斗力的基础。党的基层组织是党联系人民群众的桥梁和纽带，是包括村委会在内的各类社会基层组织的政治核心。乡村振兴的重点、难点和希望都在村级基层。要充分发挥村级党组织、村民自治组织和村集体经济组织的作用，选好、配好、用好农村发展的带头人，认真贯彻落实党的路线、方针、政策，带领和组织农民实施好乡村振兴战略。党员只有把心思用在事业上，才能不辜负党和人民的信任与重托；党员只有把精力花在工作上，才能形成战胜困难的强大力量。

第二节　加强乡村生态保护与修复

生态是统一的自然系统，是相互依存、紧密联系的有机链条。自然生态系统是人类社会的母体，人类生存需要自然环境提供水、空气、土壤和食物。人工生态系统和人类社会实现和谐稳定，需要经历一个营养物质循环、气候与水文调节、污染物降解的生态调节过程。这些物质条件和功能构成了包括人类在内的所有生物的生命支撑系统。健康稳定的自然生态系统能够为人类持续提供生命支持、生态调节、产品供给和文化娱乐等服务，对于维护生态安全和经济社会可持续发展具有重要意义。习近平总书记强调："给自然生态留下休养生息的时间和空间"，"让自然生态美景永驻人间，还自然以宁静、和谐、美丽"。加强乡村生态保护与修复，要全方位、全地域、全过程地协同推进，杜绝"头痛医头、脚痛医脚"的短视行为，要以山水林田湖生命共同体理念为统领，优化国土生态安全的空间管制，统筹推进山水林田湖草系统保护与修复、国家生态安全屏障保护与修复和大规模国土绿化行动，持之以恒地保护好乡村生态环境，全面提升生态系统质量和稳定性。

一、优化国土生态安全的空间管制

重要生态功能区和现有的自然保护地在经济社会发展中发挥着其巨大的生态支撑与保障作用。为确保生态产品与服务的持续供给，有效保障国土生态安全，结合党的十八届三中全会提出的"生态保护红线"，应采用以下几点空间管制策略。

（一）针对不同类型的生态功能区，采取面向生态服务功能的管理策略

重要生态功能区主要分为水源涵养、土壤保持、生物多样性保护、防风固沙、洪水调蓄等类型，要针对不同主导生态功能类型采取相应的管理策略，具有多种生态功能的区域要尽量兼顾各种功能的保护需求。

第一，水源涵养生态功能区。此类区域面临的主要问题是人类活动干扰强度大，自然生态系统结构单一，生态功能衰退；森林资源过度砍伐、过度放牧等造成植被破坏、土地沙化、水土流失严重，湿地面积减少。为此，应严格控制区内人类活动内容及强度，鼓励发展节水农业；有效保护森林、草地和湿地等生态系统以及冰川、雪原，有效管护具有水源涵养功能的植被，增强水源涵养功能。

第二，土壤保持生态功能区。因不合理的土地利用，特别是陡坡开垦，交通、矿业开发以及城镇建设等人为活动，导致地表植被退化，水土流失和石漠化严重。在这些区域，应严格执行退耕还林、退耕还草等生态工程，开展小流域综合治理；尊重自然规律，恢复和重建退化植被；调整产业结构，宜林则林，宜草则草，大力发展有利于土壤保持的特色产业。

第三，生物多样性保护生态功能区。农业和城市城镇扩张及基础设施建设，使天然森林、草原、湿地等自然栖息地遭到破坏，许多野生物种濒临灭绝，同时，乱采滥伐、滥捕盗猎、生物资源过度利用等问题依然存在。在这些区域，要严格禁止或控制威胁生物多样性的开发活动，特别要禁止大型基础设施建设，严格控制水电开发；严格控制区内生物资源的利用方式和数量，减缓人类与野生动植物对生物资源利用的冲突；加强自然保护区建设和管理，建立科学的自然保护区体系；加强区内生物廊道建设，通过自然恢复等措施促进栖息地的恢复与物种的交流。

第四，防风固沙生态功能区。此类区域存在的主要生态环境问题是：草地开垦、过度放牧、水资源不合理开发和过度利用，造成水资源严重短缺、植被退化、土地沙化。在这些区域，应保护好现有植被，建设防风固沙林草带；草地的利用要实行以产草量确定载畜量，从而达到草畜平衡；对草场沙化、退化地区，实行以牧为主，封禁沙化退化土地。着力加强流域规划和综合管理，合理利用水资源，要从整个流域角度着手合理分配流域上下游用水量，确保流域关键地区有足够的水资源来维持固沙植被的生存。

第五，洪水调蓄生态功能区。这种类型区面临的主要生态环境问题是：流域水土流失加剧，湖泊泥沙淤积严重，湖泊容积减小，调蓄能力下降；围垦造成沿江沿河的重要湖泊、湿地日趋萎缩。为此，应坚决禁止在洪水调蓄生态用地围垦湖泊湿地，加快退田还湖，增加调蓄量；大力发展避洪经济，处理好蓄洪与经济的矛盾。

（二）完善土地利用规划体系，增加生态保护用地，实现生态功能的落地

因全国生态功能区划、全国主体功能区规划都属于宏观尺度的战略规划，要实现国土生态安全，需要与土地利用规划体系相接轨，从而将具有重要生态保护功能的土地落实到地块。然而，目前中国的土地利用规划体系主要考虑土地的社会经济属性，没有考虑土地的生态服务功能属性，没有明确生态保护用地的类型。建议在目前的土地利用规划体系中，增加生态用地一级类型，进一步细化为水源涵养、土壤保持、生物多样性保护、防风固沙、洪水调蓄等二级类型。不同省、自治区、直辖市，可根据生态系统服务功能的不同，对二级类型予以补充与完善，增加海岸防护、河岸防护、城市绿地等其他生态支撑与调节、生态防护用地类型，并通过省、市、县等土地利用总体规划，实现生态功能的落地，最终将其中具有极重要生态功能的生态用地划定为生态保护红线。保护乡村自然生态，加强乡村原生林草植被、自然景观、小微湿地等自然生境及野生动植物栖息地保护，全面保护乡村自然生态系统的原真性和完整性。

（三）以生态保护红线为基础，统筹各类自然保护地

目前，中国的自然保护地类型多样，包括自然保护区等 10 多种类型，由于保护地的保护对象不同，管理部门与管理目标存在差异。因此，难以对所有类型的保护地实施统一管理，导致一些需要严格保护的区域被开发利用，还有大量具有重要生态功能的区域尚未被列入自然保护地体系，难以得到法律法规的保护。

建议以生态保护红线为基础，统筹各类自然保护地。对于已建立的各类自然保护地，根据其主导生态功能类型，对国家或区域生态安全保障的作用，保护地性质，保护严格性等级，借鉴世界自然保护联盟（IUCN）保护地的分类体系，将保护地分为三种类型：第一类是需要严格保护的保护地，大部分自然保护区都属于这种类型；第二类是可适当予以旅游开发的保护地，如森林公园、风景名胜区、自然与文化遗产地、湿地公园等；

第三类是可适当予以资源开发利用，但不对保护对象或者主导功能产生明显影响的保护地，如水产种质资源保护区等。对于自然保护地以外的生态保护红线区域，根据所在区域的主导生态功能及保护的严格程度，划建为已有的某一类自然保护地，或者建立为生态功能保护区这种新型的自然保护地（属于第三类），将来通过法律法规对其予以保障。对于不同类型的自然保护地，根据其保护对象、主导功能、保护等级的严格程度实行不同的管制策略。

二、统筹推进山水林田湖草系统保护与修复

人类要实现绿色发展，就必须保护自然，必须保护好自然生态系统。要坚持山水林田湖草生命共同体理念，遵循空间开发与承载能力相匹配、集聚开发与均衡发展相协调、分类保护与综合整治相促进、资源节约与环境友好相统一的理念，统筹推进森林、湿地、流域、农田、草原五大生态系统保护与修复，着力优化空间组织和结构布局，着力提高发展质量和资源利用效率，着力增加绿色资源，提高生态承载能力，厚植绿色发展优势，实现格局优化、系统稳定和功能提升，实现整体保护、系统修复，打造多元共生的生态系统。

（一）要涵盖国土空间全要素并突出重点

保护与修复对象要涵盖"山水林田湖是一个生命共同体"之下的土地、矿藏、水流、森林、山岭、草原、荒地、海域、滩涂等各类自然资源，也包括耕作农田这个半自然生态系统和村庄屋宅、废弃矿山、道路设施等非自然要素。要实现"山上山下同治、地上地下同治、流域上下游同治"。实施山水林田湖草的整体保护、系统修复、综合治理，增强生态系统循环能力。

第一，森林生态系统保护与修复。在保护现有森林资源的基础上，加大国土绿化力度，努力增加绿量，优化树种、林分、林种结构，积极推广使用良种壮苗，积极营造异龄、混交、复层、近自然的多功能森林，及时对中幼龄林进行抚育间伐，利用林间空地补植乡土树种，促进天然更新，优化森林结构，培育健康稳定的多功能森林。加强濒危野生动植物和生物多样性保护，强化自然保护区、森林公园和森林旅游、森林康养基地建设，全面提升森林生态系统服务功能。切实增加乡村生态绿量，因地制宜开展环村林、护路林、护岸林、风景林、游憩林、水源涵养林、水土保持林、防风固沙林、农田（牧场）林网等建设。开展乡村裸露山体、采石取土创面、矿山废弃地、重金属污染地等绿化美化。积极提升乡村绿化质量，坚持以水定绿、适地适树，构建优美森林生态景观。

第二，流域生态系统保护与修复。在重点流域强力推进环境综合治理，要加快推进重点流域水污染防治，对现状水质达到或优于Ⅲ类的湖库水体开展生态环境安全评估，强化湖泊生态环境保护，加强重点湖库蓝藻水华防控。要加强水源涵养林、水土保护林等建设以及河道、湖泊、渠线等廊道绿化，增加绿化带宽度，合理优化配置造林树种，进行乔木、灌木、草地立体配置，充分发挥森林在水源涵养、水质提升、水土保持中的功能和作用。围绕水源地和流域生态治理，荒坡全面造林、斜坡营造水流调节林、侵蚀沟营造水土保持林、河岸边营造护堤林、水库旁营造固坡林，实现全国湖泊、水库周边和河道、渠道沿岸流域森林或廊道绿化全覆盖。在水生态的保护与修复上，要按照"调、控、退、通、改、拆"六字策略，切实有效解决水生态损害问题。"调"是生态调度，"控"是控制水污染，"退"是退建还水、退田还湖，"通"是河湖连通，"改"是对已建涉水工程进行生态化改造，"拆"是对在保护区、重点风景名胜区、特有鱼类栖息地修建的小型工程要采取坚决措施拆除，恢复原貌。

第三，湿地生态系统保护与修复。湿地生态和资源具有结构独特和系统多样的特征，湿地生态系统是多种特殊生物的主要栖息地。要全面加强湿地保护与建设，实行湿地资源总量管理，构建适应全面保护要求的湿地保护体系，在国际和国家重要湿地、湿地自然保护区、国家湿地公园实施湿地保护与修复工程，对功能降低、生物多样性减少的湿地进行综合治理，深入开展退耕还湿、退养还滩、扩水增湿、生态补水，稳定和扩大湿地面积。深入开展污染和有害生物防控，修复受损湿地，恢复水生植物，保护生物多样性，改善湿地生态质量，维护湿地生态系统的完整性和稳定性，着力提升湿地生态系统功能。建成一批生态型河塘，开展湿地可持续利用示范。

第四，湖泊生态系统保护与修复。一是减压发展。全面降低湖泊的生态环境负荷，控制湖泊流域城市人口和产业（特别是旅游、养殖）发展规模，调整产业结构，转变生产方式和经营方式，合理整合布局产业，实现经济与生态建设的协调发展；划定流域生产、生活、生态空间开发管制界线，严格控制新增污染性建设项目用地规模，严格控制临湖开发搞旅游，限制和优化农业化肥农药的使用。二是优化发展。根据湖泊休养生息和未来湖泊提质保护的需要，适当扩大保护范围，充分考虑湖泊水资源和流域土地资源的承载力，充分考虑水环境敏感性和环境容量。重新划定生态红线，所有产业和布局应离湖建设，借湖发展，加大离湖功能区的配套建设。三是综合治理。坚持"让湖泊休养生息"的理念，坚持一湖一策、全流域系统保护的原则，抓好源头预防、过程控制和末端治理三大环节，全力推进湖泊水环境治理工作。

第五，农田生态系统保护与修复。农田生态系统是全球最重要的生态系统之一。要完善和提升农田防护林体系，在道路、河流、沟渠两侧营造防护林带，重点栽植乡土树种，积极营造混交、乔灌搭配林带，着力提升防护功能，有效减少病虫危害。要加强农田及畜禽养殖场周边污染土地生态化治理，大力栽植用材林、景观林和防护林，吸附降解土壤污染，促进生态修复。

第六，草原生态系统保护与修复。一是加强草原生态保护。继续实施好草原生态保护补助奖励机制、京津风沙源治理、退牧还草及退耕还林还草、草原防灾减灾、鼠虫草害防治、严重退化沙化草原治理、农牧交错带已垦草原治理等草原生态保护建设重点工程；大力保护、建设基本草场；通过轮牧、培育、草原禁牧、草畜平衡等措施合理利用草原资源，缓解草原生态压力，严禁开垦草原、滥采乱挖等破坏草原的行为；以防沙治沙和流域治理、保护天然荒漠植被和绿洲生态建设为重点，提高和完善各类草原生态环境极脆弱区和草原自然保护区的保护水平，实现保护区的保护与周边区域良性发展协同互动。二是发展草原生态产业。要推进草原绿色产业兴旺，大力发展生态产业、绿色产业、环保产业，即发展草原生态草牧业、绿色草业、草原生态旅游业、草原文化产业、绿色畜产品加工业、草原生态工业及矿业、草原绿色现代能源产业、草原绿色环保产业等，逐步形成结构完善、协同高效、一二三产业融合发展的高质量草原绿色、生态产业体系及现代经济体系，使人类发展行为造成的草原生态破坏逐渐减小，同时不断加强草原生态环境的治理修复，使得草原的自然承载能力逐步增加，从而减少直至消除草原生态赤字，推进草原生态系统结构合理、机制完善、功能高效、良性循环、进展演替。三是实施草原生态补偿，落实草原生态保护补助奖励政策。

（二）要更加注重整体施策、多措并举

党的十九大报告指出："人类只有遵循自然规律才能有效防止在开发

利用自然上走弯路，人类对大自然的伤害最终会伤及人类自身，这是无法抗拒的规律。"抓好脱贫攻坚、推进乡村振兴和高质量发展，都需要加快推进生态保护修复工作。传统的生态保护修复工作由于缺乏系统性、整体性考虑，生态整治修复效果不尽理想，因此，坚持山水林田湖草生命共同体理论指导下的生态保护修复成为生态建设的重中之重。高效的生态保护修复工作，不仅能提高乡村、城市及整个国土空间的承载能力，更能提高生态产品的供给能力。

当前，要强力推进山水林田湖草生态保护修复试点工程，该工程重点部署在青藏高原、黄土高原、云贵高原、秦巴山脉、祁连山脉、大小兴安岭和长白山、南岭山地地区、京津冀水源涵养区、内蒙古高原、河西走廊、塔里木河流域、滇桂黔喀斯特地区等国家重点生态功能区内，是国家生态安全的保障区域。山水林田湖草生态保护修复试点工程有机融合了国土绿化行动、天然林保护、防护林体系建设、京津风沙源治理、退耕还林还草、湿地保护恢复等国家重大生态工程，以及区域水土流失、荒漠化、石漠化综合治理工程，体现了人类生存发展与山水林田湖草生命共同体的和谐发展。

基于生态问题的现状，统筹山水林田湖草系统保护修复的相关要求，遵循自然规律，协同推进山水林田湖草系统保护与修复，还要重点从以下方面着手：

第一，要在全国生态功能区划中的重要生态功能区、重点生态敏感脆弱区和生态保护红线内的典型区域深入开展生态系统格局、质量与功能状况的调查与评估，将评估结果作为制定山水林田湖草系统保护与修复工程实施方案的依据。

第二，强化生态修复技术研发，完善生态修复制度，加强已有重点生态保护修复工程建设，进一步巩固和促进生态保护修复的成效。

144

第三，因地制宜实施封育保护，开展煤矿塌陷区、工矿废弃地生态修复与复垦利用，因地制宜构建江河湖库水系连通格局，统筹水资源调配与防洪减灾能力，加强中小河流综合治理、坡耕地治理和山洪地质灾害防治，加强荒漠化、石漠化、盐碱化、水土流失和污染区综合治理等措施，持续推进防沙治沙和荒漠化防治，加强退化生态系统保护修复及其能力建设。

第四，开展自然保护区物种资源分布、保护成效及生态系统状况的调查与评估，识别生物多样性及物种栖息地关键区域的自然保护区空窗区域，开展自然保护区规范化工程建设，构建和完善跨区域生态廊道，增强生态系统完整性和连通性，通过优化生物多样性保护格局提高生物多样性保护功能。

第五，针对重要生态功能区、重点生态敏感脆弱区和生态保护红线等重要生态区域内的人类分布干扰区，有序推动生态移民和产业升级。

第六，加大农村土地综合整治力度，统筹开展农村地区建设用地整理和土地复垦，积极优化农村土地利用格局，不断提高农村土地利用效率。同时，建立、形成农村土地综合整治制度体系。

第七，加大近岸海域综合治理力度。加快实施蓝色海湾整治行动，推动辽东湾、渤海湾、黄河口、胶州湾等重点河口海湾综合整治，强化海岸带保护与修复，完善入海排污口管理制度。

第八，重大地质灾害隐患治理。建立健全调查评价、监测预警、综合治理、应急防治等地质灾害防治体系，实现山地丘陵区地质灾害气象预警预报全覆盖，全面完成山地丘陵区地质灾害详细调查和重点地区地面沉降、地裂缝和岩溶塌陷调查，完成已发现的威胁人员密集区重大地质灾害隐患工程治理。

第九，建立集监测、评估、预警、调控和管理等功能于一体的山水林田湖草系统信息管理平台，形成山水林田湖草系统保护与修复长效管理机制。

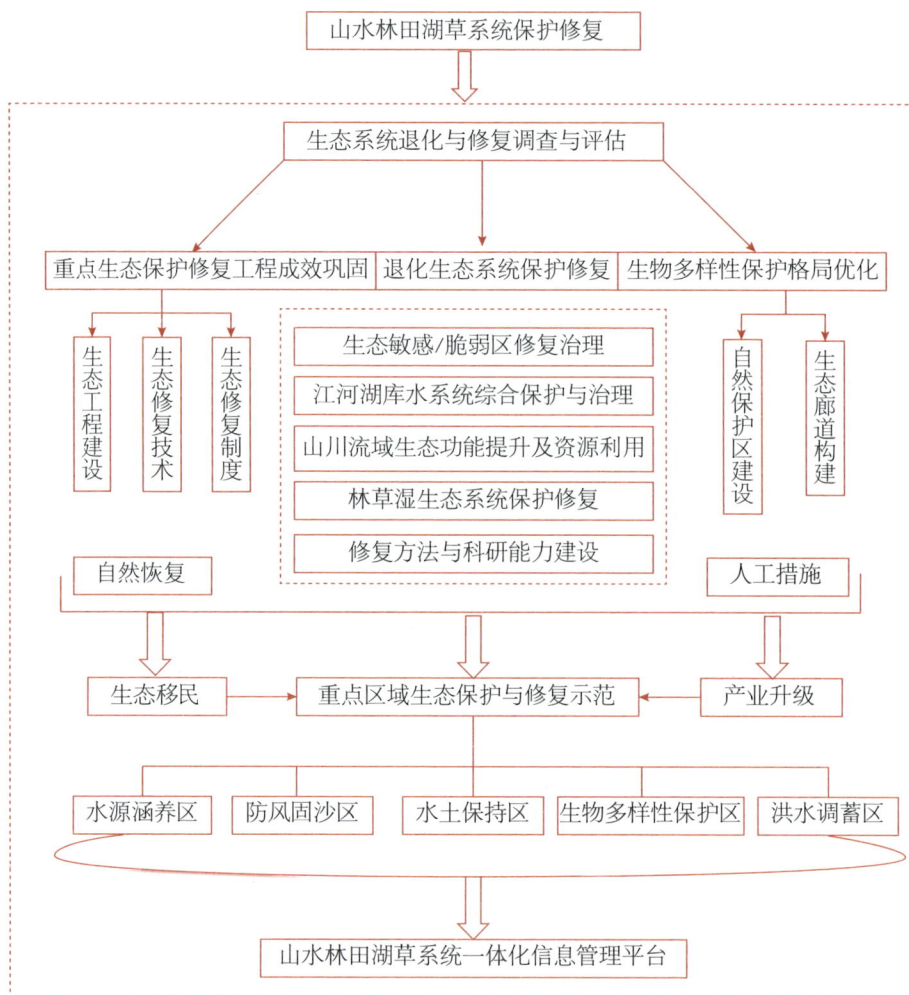

图 5-1 山水林田湖草系统保护修复内容构成

三、大力推进国家生态安全屏障保护与修复

继续大力推进北京天津风沙源区、岩溶石漠化区、西藏生态安全屏

障、青海三江源区、祁连山等重点区域综合治理工程，深化山水林田湖草
生态保护修复试点，加快构筑国家生态安全屏障。在国家生态安全屏障战
略格局中，两屏三带——青藏高原生态屏障、黄土高原—川滇生态屏障和
东北森林带、北方防沙带、南方丘陵山地带大部分都在西部地区，全国重
大水系的上游地也在西部地区。同时，西部地区大部分国土面积是国家主
体功能区规划中的限制开发区和禁止开发区，很多重要生态功能区直接影
响着全国乃至亚洲地区的气候变化、生态环境和经济社会的可持续发展。
因此，保护与修复的重点在西部地区。

《中华人民共和国国民经济和社会发展第十二个五年规划纲要》在
"构建生态安全屏障"一节中要求：加强重点生态功能区保护和管理，
增强涵养水源、保持水土、防风固沙能力，保护生物多样性，构建以
青藏高原生态屏障、黄土高原—川滇生态屏障、东北森林带、北方防
沙带和南方丘陵山地带以及大江大河重要水系为骨架，以其他国家重
点生态功能区为重要支撑，以点状分布的国家禁止开发区域为重要组
成的生态安全战略格局。可见，西部地区重点生态区是国家西部地区
生态安全屏障的重要支撑，是一个有相同生态特点和生态功能的区域。
《西部大开发"十二五"规划》将西部地区重点生态区划分为西北草原
荒漠化防治区、黄土高原水土保持区、青藏高原江河水源涵养区、西
南石漠化防治区、重要森林生态功能区。这五个重点生态区又涉及
《全国主体功能区规划》确定的 25 个国家重点生态功能区中的 20 个。
因此，生态环境建设不但要全国抓好，而且西部地区更要抓好、要重
点抓。

表 5-1　西部地区重点生态区与国家重点生态功能区、
国家生态安全屏障格局的关系

重点生态区	类型	范围	与国家重点生态功能区的关系	与国家生态安全屏障格局的关系
西北草原荒漠化防治区	防风固沙	内蒙古草原、宁夏中部干旱带、石羊河流域、黑河流域、疏勒河流域、天山北麓、塔里木河上游等荒漠化防治区	阿尔金草原荒漠化防治生态功能区，呼伦贝尔草原草甸生态功能区，塔里木河荒漠化防治生态功能区，科尔沁草原生态功能区，阴山北麓草原生态功能区，浑善达克沙漠化防治生态功能区	北方防沙带
黄土高原水土保持区	水土保持	陕西北部及中部、甘肃东中部、宁夏南部及青海东部黄土高原丘陵沟壑区	黄土高原丘陵沟壑水土保持生态功能区	黄土高原—川滇生态屏障
青藏高原江河水源涵养区	水源涵养	祁连山、环青海湖、青海三江源、四川西部、西藏东北部三江水源涵养区	祁连山冰川与水源涵养生态功能区，三江源草原草甸湿地生态功能区，甘南黄河重要水源补给生态功能区，若尔盖草原湿地生态功能区	青藏高原生态屏障
西南石漠化防治区	贵州、云南东中部、广西西北部、四川南部、重庆东部喀斯特石漠化防治区	三峡库区水土保持生态功能区、桂黔滇喀斯特石漠化防治生态功能区	黄土高原—川滇生态屏障	
重要森林生态功能区	水源涵养、生物多样性保护、水土保持	云南西北部、秦巴山、四川西南部、武陵山、广西北部、西藏东南部高原边缘森林综合保育区	武陵山区生物多样性及水土保持生态功能区，川滇森林及生物多样性生态功能区，藏东南高原边缘森林生态功能区，阿尔泰山地森林草原生态功能区，大小兴安岭森林生态功能区，秦巴生物多样性生态功能区	黄土高原—川滇生态屏障
其他	生物多样性保护	藏西北羌塘高原荒漠生态功能区		

资料来源：张广裕：《西部重点生态区环境保护与生态屏障建设实现路径》，《甘肃社会科学》
2016 年第 1 期。

西部地域广阔，既有众多的重要经济发展区，也有灾后重建区，更是涉及长江、黄河等重点流域。不同地区生态环境保护与建设的重点和实现途径存在着较大的差别。国家生态安全屏障建设和生态环境保护，必须遵循客观自然规律和经济规律，要坚持因地制宜、分类指导，突出重点、逐步推进的基本原则。西部地区生态安全屏障保护与修复，是一项长期的系统性、战略性、根本性工程，是建设山川秀美的新西部和美丽中国、实现中华民族永续发展的重要保障。因此，要坚决避免短期行为，坚决避免边建设边破坏。

生态环境不可替代，用时不觉，毁之难复。推进乡村生态振兴，要知难而进、攻坚克难、敢于担当、真抓实干。习近平总书记的《之江新语》中有这样一段文字："搞生态省建设，好比我们在治理一种社会生态病，这种病是一种综合征，病源很复杂，有的来自不合理的经济结构，有的来自传统的生产方式，有的来自不良的生活习惯等，其表现形式也多种多样，既有环境污染带来的'外伤'，又有生态系统被破坏造成的'神经性症状'，还有资源过度开发带来的'体力透支'。总之，它是一种疑难杂症，这种病一天两天不能治愈，一服两服药也不能治愈，它需要多管齐下，综合治理，长期努力，精心调养。"乡村生态振兴莫不如此。

乡村生态振兴、建设美丽乡村，既是经济增长方式的转变，又是思想观念的一场深刻变革，更是一项驰而不息、久久为功的大工程、大事业，不能幻想"一锄头刨出个金娃娃"，只有以坚韧不拔、坚定不移的意志和决心、耐心，像钉钉子一样，一锤接着一锤敲，一颗接着一颗钉，才能终有所成。

四、深入推进大规模国土绿化行动

开展大规模国土绿化行动，就是要通过生态资源扩增量、提质量、保存量，不断提高生态产品生产能力，积极回应人民群众的所急、所想、所盼，让人民群众呼吸上新鲜的空气、喝上干净的水、吃上放心的食物，还人民群众蓝天白云、青山绿水、繁星闪烁，为人民群众留住鸟语花香田园风光。

（一）以更大的力度增加生态资源总量

《中华人民共和国国民经济和社会发展第十三个五年规划纲要》明确提出，到 2020 年，全国森林覆盖率和森林蓄积量要达到 23.04% 和 165 亿立方米。因此，要进一步开展大规模国土绿化，继续加强重点生态工程建设，实施好新一轮退耕还林还草、"三北"等重点防护林体系建设、京津风沙源治理、国家储备林、沙化草原治理等国土绿化工程，建设好石漠化综合治理、京津风沙源治理、三江源保护恢复、祁连山生态保护等重点区域工程，以大工程带动国土绿化大发展；要保持较快的造林速度，进一步加强森林资源保护与管理，确保森林资源总量持续增长。要积极开展村屯街巷和庭院绿化，充分利用闲置土地见缝插绿，因地制宜种植树木花草，加强农田防护林建设。既要做好"加法"，切实有效增加绿量，加大人工造林的力度；又要做好"减法"，科学合理利用，防止森林资源过度消耗。要实行最严格的保护制度，对森林、草原和林地、湿地进行全面保护，早日实现"应绿尽绿"。

（二）以更高的标准提升生态资源质量

要按照数量和质量并重、绿化和美化相统一的原则，坚定不移走质量效益型路子，实现国土绿化由数量扩张型向质量效益型转变，着力提升森林草原质量和生态服务功能。走科学、生态、节俭的国土绿化之路，坚持因地制宜、量水而行，根据水资源承载能力，宜造则造、宜封则封、宜

荒则荒，宜林则林、宜灌则灌、宜草则草，实现自然恢复与人工恢复的有
机统一。加强优质种苗生产，广泛选用优良品种和乡土树种，强化森林经
营，实施森林质量精准提升工程，科学管理森林、草原等自然资源，着力
抓好低质低效林改造、退化林分修复、退化草场改良，着力培育健康稳定
的林草生态系统，不断提升林草资源质量和功能。加大社区、营区、校
区、矿区、通道绿化美化，让越来越多的生产生活区成为绿色之区、生态
之区、美丽之区，让越来越多的公路线、铁路线变成绿化线、风景线，让
人民群众实实在在享受到绿色之美。

（三）以更严的要求保护生态资源成果

认真落实《关于建立以国家公园为主体的自然保护地体系指导意
见》，实施自然保护地统一设置、分级管理、分区管控，形成以国家公园
为主体、自然保护区为基础、各类自然公园为补充的自然保护地管理体
系。严格执行《天然林保护修复制度方案》，全面落实天然林保护责任，
保护好天然林资源。科学划定并严守生态保护红线，严厉打击乱砍滥伐、
乱捕滥猎，毁林毁草开垦，非法占用林地、草原、湿地等各种破坏生态
资源的违法犯罪行为。加大古树名木保护力度，严密防控森林草原火灾
和林草生物灾害，着力抓好松材线虫病等有害生物防治和外来物种入侵。

五、乡村生态保护与修复：安吉县践行"两山"重要思想开辟新境界 ①

乡村生态振兴，摆脱贫困是基础和前提。浙江省安吉县是习近平总

---

① 案例素材来源：深入实地调研，并根据安吉县发展和改革委员会提供的资料整理、
提炼而成。

书记"两山"重要思想的诞生地、中国美丽乡村的发源地和绿色发展的先行地。2005年8月15日，习近平同志在安吉县余村提出了"既要金山银山，又要绿水青山""绿水青山就是金山银山"的"两山"重要思想。15年来，安吉全县上下始终牢记嘱托，始终坚定不移、一以贯之地"举生态旗、打绿色牌"，科学谋划、统筹推进脱贫攻坚与乡村振兴，在坚持生态立县、建设美丽安吉、发展生态经济的道路上砥砺前行，探索出了一条生态经济化、经济生态化的全面小康与绿色发展之路。

（一）安吉县基本概况

第一，自然生态禀赋。安吉县地处长三角腹地浙江省的西北部，为湖州市市辖县，背靠天目山，面向上海、南京、杭州，县域面积1886平方千米，户籍人口47万人，"七山一水二分田"的地形地貌特征与土地资源分布——天目山自西南入境分东西两支环抱安吉县境，使之呈现为"三面环山、中间凹陷、东北开口"的辐聚状盆地地形，拥有108万亩毛竹林、海拔1587米的浙北第一高峰龙王山、总面积1244公顷的安吉小鲵国家级自然保护区，自龙王山沿路汇聚而成的全长110千米的西苕溪干流从西南向西北流经全县境域进入太湖，这些通常被认为是工农业发展的不利条件，但从另一方面讲，这又是一种相对优越的地域性自然生态基础，也就是得天独厚的绿色资源"绿水青山"。

第二，地理区位优势。安吉县地处长三角经济圈的几何中心，面对着包括上海、南京、杭州等特大城市在内的一个潜力巨大并且交通便捷的庞大市场。因此，就如改革开放之初，安吉的建材产品一度成为沪宁杭城市现代化进程中的最基础性需求一样，假以时日，安吉的农林土特产品和乡村环境与景观，也将会成为沪宁杭等现代化城市中最为稀缺的资源或最紧俏的商品。与此同时，周边大城市的民众消费需求与能力的变化和本地绿色产品供给能力的提升，会使安吉的地理优势进一步凸显。

第三，人文底蕴深厚。安吉县建县于公元 185 年，取《诗经》"安且吉兮"之意得名，至今已有 1830 多年的历史，是古越国的重要活动地和秦三十六郡古鄣郡所在地。境内的上马坎旧石器文化遗址，将浙江境内人类的历史提前到距今 80 万年前。全县拥有 4 个国家级文物保护单位，数量居全省各县（区）第一，文物蕴藏量居全国各县（区）前十位，非物质文化遗产数量在全省名列前茅。境内地域文化丰富，竹文化、茶文化、昌硕文化、移民文化互相交融，是南朝文学家吴均、艺术大师吴昌硕、林学家陈嵘的故乡。

第四，经济转型背景。20 世纪 80 年代，安吉县曾经是浙江省的 25 个贫困县之一，全县 3/4 的人口居住在农村，全县 90% 以上的地域面积属于农村。为摆脱贫穷落后，安吉县参照"苏南模式"走工业强县道路，引进和发展了大量资源消耗型和环境污染型企业，造纸、化工、印染等企业排放的工业废水，使得原本清澈的"母亲河"西苕溪变成了泛着白沫的"酱油水"。虽然短期内获得了经济快速增长，但也积累了大量的环境问题，最终被国务院列为太湖水污染治理重点区域，受到黄牌警告。沉重的整治代价使安吉逐渐认识到，传统工业化发展模式不适合安吉县情，全县最大的优势是生态环境，决不能再走先污染、后治理的老路。只有深刻反思经济发展与生态保护的关系，认真吸取生态危机的教训，才能积极探索经济与环境和谐发展的全新道路。由此，以生态文明战略思想积极引领县域经济转型发展的思路初步从自发转向自觉。

（二）安吉县生态文明建设实践探索历程

实践探索形成思路。按照统筹兼顾、突出重点、融合发展的原则，安吉县把脱贫攻坚、美丽乡村建设、农旅融合发展等中心工作纳入生态文

脱贫攻坚与乡村振兴衔接：**生态**
TUOPIN GONGJIAN YU XIANGCUN ZHENXING XIANJIE：SHENGTAI

明建设进程，推动生态文明建设与经济社会发展协调规划、同步迈进、提质升级。总体来讲，安吉县生态文明建设实践探索可分为三个阶段。

第一，筹谋启动阶段（1999—2003 年）。早在 1998 年 12 月举行的省第十次党代会上，浙江省就明确提出了要创造天蓝、水清、山绿的优美环境的目标，对原来实施的环境保护战略进行了阶段性提升。1999 年，《浙江省环境保护目标责任制度考核办法》出台，建立起由"一把手"负总责、分管领导具体抓落实、环保部门统一监督、有关部门分工协作的责任体系。2002 年 6 月，省第十一次党代会进一步提出了"绿色浙江"的战略目标，同年 9 月，实施《浙江省可持续发展规划纲要——中国 21 世纪议程浙江行动计划》。正是在上述大背景下，1999 年 1 月安吉县成立了绿色工程建设领导小组，初步确立了经济生态化的理念；2000 年，安吉县开始酝酿"生态立县"发展战略，顶着巨大压力开展了铁腕治污，关停污染严重企业 33 家，这一"关"一下子就少了 7000 多万元的财政收入；2001 年正式确立"生态立县"战略，明确了生态经济强县、生态文化大县、生态人居名县的发展定位；2003 年，安吉县人大通过了《关于生态县建设的决议》，确立了生态立县、工业强县、开放兴县战略。

第二，生态县创建阶段（2003—2007 年）。2003 年，《浙江生态省建设总体规划纲要》实施，决心坚定不移地实施可持续发展战略，加快新型工业化步伐，大力发展生态经济，营造生态环境，培育生态文化，全面推进"绿色浙江"建设。2004 年，浙江省启动了"811 环境整治行动"这一基础性、标志性工程（"8"是指全省八大水系，因为当时水污染防治是整个环境保护工作最突出、最紧迫的问题；"11"既指全省 11 个市，也指当年省政府划定的区域性、结构性污染特别突出的 11 个省级环保重点监管区）。2005 年，浙江省又启动了"发展循环经济 991 行动计划"，即发展循环经济九大重点领域，落实循环经济"九个一批"抓手、实施 100 个左右循环经济重点项目。在上述政策引导与支持框架下，安吉县的生态县创建工作着力于小城镇环境综合整治、脱贫攻坚与全面小康建设示范村创建、村庄环境整治等工作，并取得了重要进展：2003 年，顺应全省开展的"千村示范、万村整治"工程，进一步全面展开生态县建设行动，正式提出争创全国生态县；2004 年，在全国率先将每年的 3 月 25 日定为"生态日"；2006 年，荣获首批"国家生态县"称号；2007 年，被确定为全国新农村与生态县互促共建示范区。

比较典型的事例是安吉县余村，长期以来村民的整体贫困逼迫农民群众和村干部努力寻求致富之路，从而开启了炸山挖矿、办水泥厂，发展"石头经济"的传统经济发展道路。余村经济发展了，其代价却是生态环境的严重破坏、生存环境的极度恶化。2003 年，余村率先作出从"石头经济"向生态旅游经济转型的重大抉择，决定放弃名列安吉县各村之首的 300 多万元的年集体经济收入，并在随后两年内关闭了村办矿山和砖厂、水泥厂等。

第三，生态文明建设试点示范区阶段（2007 年至今）。自 2007 年 10 月党的十七大以来，浙江省继续实施生态省建设，明确提出大力推进生态文明建设，努力打造"生态浙江""美丽浙江"。2010 年 6 月，《中共浙江省委关于推进生态文明建设的决定》明确提出打造富饶秀美、和谐安康的生态浙江，努力成为全国生态文明建设示范区；继续实施"811"生态文明建设推进行动，并赋予其新的内容："8"是指生态经济、节能减排、环境质量、污染防治、生态保护与修复、环境安全保障能力建设、生态文明建设、生态文明制度建设；"11"既指节能减排、循环经济、绿色城镇、美丽乡村、清洁水源、清洁空气、清洁土壤、森林浙江、蓝色屏障、防火减灾、绿色创建等 11 项专项行动，又指 11 个方面的保障措施。2014 年，湖州市被国家发改委等六部委批准为全国第一批"生态文明先行示范区"。

与此同时，2008 年，安吉县成为环境保护部组织实施的全国首批"生态文明建设试点示范区（县）"，同年，安吉县人大通过《关于建设"中国美丽乡村"的决议》，标志着安吉县生态文明建设把美丽乡村建设作为其核心领域；2009 年，安吉县荣获全国首个县域"中国人居环境奖"；2011 年年底，安吉县提出要从生态文明建设的"全国试点"向"全国示范"跨越，致力于人居环境、生态经济、生态价值、绿色城镇、生态制度等五大方面的示范建设，并被列为"中国美丽乡村国家级标准化示范县"；2012 年，全面启动生态文明示范建设，成为全国首个"联合国人居环境奖"获得县；2014 年，以安吉县为蓝本起草的《美丽乡村建设规范》成为全国首个"美丽乡村"地方标准；2016 年，获得首届"中国生态文明奖"，成为全国唯一一个"两山"理论实践试点县。

（三）安吉县生态文明建设成效显著

顺民心，应民意。中共安吉县委、县政府在推进生态文明建设、推动县域经济社会发展的过程中，做到了既重视先天的自然条件，也重视后天的人文优势，不仅突出了当地的特色，也体现了科学的生态理念，尤其是始终坚持科学的发展理念，坚持一张蓝图绘到底、一任接着一任干，15 年来一以贯之，这在注重 GDP 的考核机制下，在注重显性政绩的干部考核机制下，显得难能可贵。由此，安吉县实现了从生态经济化向经济生态化的转型，从资源商品化向资源资本化的层级跨越，推进了乡村一二三产业生态化协调发展、现代文明与自然生态高度融合，引领着县域高质量发展。

第一，生态第一，严守红线，生态优势经济化。安吉县始终坚持生态第一的原则，坚持走经济效益、社会效益和生态效益有机结合的绿色发展道路。从广义上来看，生态经济包括工业经济的生态化和主要体现为第一产业和第三产业的绿色经济，安吉县坚持绿色生态、产业融合发展导向，通过转变一产、优化二产和提升三产等政策举措，大力发展生态农业、生态工业、生态旅游业，初步形成了一个具有地方特色、符合县域实际的"1+2+3"生态产业体系："1"即健康休闲一大优势产业，"2"即绿色家居、高端装备制造两大主导产业，"3"即信息经济、通用航空、现代物流三大新兴产业，三次产业比为 6.5：44.1：49.4。目前，全县有主板上市企业 4 家、新三板挂牌企业 14 家，白茶产业品牌价值达 40.9亿元，椅业产业占国内市场 1/3、出口市场 1/2，竹产业以全国 1.8%的立竹量创造了全国 20%的竹业产值，集民宿、高端旅游综合体、特色小镇于一体的全域旅游也全面兴起。因此，安吉县享有"中国第一竹乡""中国白茶之乡""中国椅业之乡"的美誉。2018 年，城乡居民人均可支配收入分别为 52617 元和 30541 元，同比增长 9.1%和 9.5%，城乡收入之比达到了 1.72：1。

第二，特色发展，坚持不懈，一张蓝图绘到底。生态文明建设要始终坚持特色发展，因地制宜，集中优势资源，在特色发展上做文章；同时，生态文明建设不可能一蹴而就，需要一代人甚至几代人坚持不懈的努力奋斗，需要以"一张蓝图绘到底，一任接着一任干"的精神去建设。在安吉县，以改厕、改路、改房、改水、改线和环境美化为主要内容的"千村示范、万村整治"工程和美丽乡村建设及其财政投入，对于改善农村环境和基础设施发挥了重要作用。经过 15 年持续不断的乡村产业结构调整和环境整治努力，全县森林覆盖率、植被覆盖率均保持在 70%以上，空气质量优良率保持在 90%以上，地表水、饮用水、出境水达标率均为 100%，安吉县也因此被誉为气净、水净、土净的"三净之地"。目前，全县污水处理设施的村庄覆盖率已达到 100%，农村人口受益率 95%以上；全县还持续开展竹木制品企业的污染整治工作，210 多家竹木制品企业的污水全部集中处理，由日处理 300 吨高浓度竹制品废水的安吉逢春污水处理公司负责。同时，坚持"美丽乡村、美丽乡镇、美丽县城"三美共建、互促共进，美丽乡村创建实现 188 个行政村全覆盖，建成精品示范村 44 个、乡村经营示范村 5 个、精品观光带 4 条、示范风情小镇 5 个，建成区面积达 35 平方千米。

　　第三，解放思想，系统思维，"五位一体"抓发展。安吉县的发展，是一任又一任领导干部解放思想、系统思维的成果。在安吉县，生态文明建设与经济建设、政治建设、文化建设和社会建设有机结合，实现了经济效益、社会效益和生态效益的"三赢"格局。从 2008 年年初起，安吉县明确把美丽乡村建设作为其生态文明建设试点示范区创建的突破口或路径。具体地说，就是在充分发挥生态优势和产业特色的基础上，通过推进村庄环境的综合提升、农村产业的持续发展和农村各项事业的全面进步，把全县 188 个行政村都建设成为"村村优美、家家创业、处处和谐、人人幸福"的现代化新农村。着眼于上述目标，安吉县从科学规划入手，将县域作为一个大花园予以规划设计，追求精益求精，力求"一村一景""一户一品"，建设过程中重点放在发展经济、增加收入上，而工作的着力点则是发展农村公共事业，改善农村基础设施与农村环境，努力实现城乡基本公共服务的均衡化。2012 年，安吉县"美丽乡村"建设已完成近中期目标，基本实现了全县域覆盖；2015 年，不但可读到"昌硕故里、人文鄣吴""千年古镇、孝子故里""静心小镇、天赋杭垓""时光小镇、泊心章村""自在小镇、休闲报福""天目慢谷、幸福上墅""浪漫山川、美丽乡村""天荒地老、爱情小镇""白茶故里、美丽溪龙"等一连串洋溢着诗情画意的乡镇别称，而且还能身临其境去感受一个个美丽乡村的动人魅力："十里渔村——赤坞村""万顷竹海——唐舍村""美景深溪——深溪村""生态湿地——剑山村""浙北最美山村——高家堂村""威风锣鼓——

马家弄村""休闲余村——余村""中国白茶第一村——黄杜村",等等。如今,安吉县不仅成功地将当地美丽乡村建设标准上升为国家标准,而且又提出了全县域建设浙江泛自然博物园的宏大目标,并已把浙江省自然博物馆(院)引入安吉。与此同时,安吉县勇夺浙江平安县十三连冠,获评全国平安建设先进县,探索走出一条以"余村经验"为典型代表的乡村治理之路。可以说,安吉县的美丽乡村建设不仅创造性地承接了前些年国家曾大力推动的社会主义新农村建设,而且成功地实现了与生态文明、美丽中国建设这一国家新时期发展主题的融合对接。更重要的是,广大农民群众在自己的衣食起居中体验到了优质生态环境和社会管理所带来的价值享受与安全感、获得感、幸福感。

第四,厚植文化,凝练精神,传承好绿色基因。安吉县高度重视培育生态文化,培厚生态土壤,通过加强党内政治生态建设,精编文化题材诗歌、影视节目等措施,传承绿色基因,全方位、多视角、深层次地诠释和践行生态文化。从广义的生态文化来看,它来自优厚的生态环境禀赋、丰富的历史文化传统和现实中生态环境保护与生态文明建设上的努力。就安吉县来说,首先,如竹文化、茶文化,既与县域的自然禀赋直接相关,也在相当程度上构成了其历史文化传统的一部分,"中国竹乡""中国白茶之乡"的美誉便是明证,只不过当前的文化开发更注重与当代社会的大众性经济文化需求相对接,一部《卧虎藏龙》就让古老的百万亩竹海瞬间名扬天下,而对白茶营养价值的科学解析则使之获得甚至超越了绿茶的高端时尚茶品地位;其次,如对汉唐古城遗址尤其是孝丰镇的孝文化的挖掘修复、对递铺街道古驿文化及其人文景观的整理保护、对近代画家吴昌硕故里文化的搜集整理,都在某种程度上重建了安吉作为千年古县的历史形象,同时也为美丽乡村建设和生态旅游开发提供了重要的路径支持或营销支点;再次,如县政府制订的"生态日"(2004年)、"环境整治推进日"

（2014 年）和正在着力建设的"安吉生态博物馆"，几乎村村都有的小型文化馆、影视馆和特色博物馆，以及由村民自主制定实施的"文明行为守则""村规民约""家训家风"等，都更多是一种现代生态文化及其公民文化意识的大力培育。生态文化与其他文化类型一样，内秀外美同样重要，甚至内秀才是根本——因为它意味着从内心深处生态化变革广大农民群众，而这在广大农村一般来说不会比城市更容易。

第三节　持续改善农村人居环境

"西塞山前白鹭飞，桃花流水鳜鱼肥，青箬笠，绿蓑衣，斜风细雨不须归。"这是唐代诗人张志和《渔歌子》诗中的美景，它为我们勾画的秀美动人的水乡风光和怡然自得的乡村生活，无不令人神往。这些年来，各地把改善农村人居环境作为社会主义新农村建设的重要内容，大力推进农村基础设施建设和城乡基本公共服务均等化，农村人居环境建设取得突出成效；与此同时，各地农村人居环境状况也很不平衡，脏乱差问题在一些地区还较为突出，依然是经济社会发展的明显短板，农村人居环境改善与全面建成小康社会的要求和人民群众的期盼还有一定的差距。

一、农村人居环境整治的时代价值

推动乡村生态振兴，实施农村人居环境整治，不仅可以改善农村人居环境本身，而且是深化农村基层社会治理改革的重要举措，更有着其日益凸显的时代价值。2018 年 5 月，在全国生态环境保护大会上，习近平总书记指出："要持续开展农村人居环境整治行动，打造美丽乡村，为老百姓留住鸟语花香田园风光。"

（一）实施农村人居环境整治是实现全面建成小康社会战略目标的根本要求

中国共产党向人民、向历史、向国际社会作出到 2020 年全面建成小康社会的庄严承诺。全面建成小康社会是中国第一个百年奋斗目标，是经济、政治、文化、社会、生态文明建设五位一体不可分割的全面小康。"全面"具有丰富的含义，不仅包括经济、政治、文化、社会、生态文明等不同的层面及要素，还涵盖了发展的平衡性、协调性、可持续性。农村既是全面建成小康社会的难点之所在，也是重点之所在；农村全面小康理所当然包含了为人民群众健康、安全提供坚实保障的良好人居环境。因此，农村人居环境整治是实现到 2020 年全面建成小康社会战略目标的根本要求，也是建成富强民主文明和谐美丽社会主义现代化强国目标的根本要求。

（二）实施农村人居环境整治是有效破解新时代社会主要矛盾的重要路径

党的十九大报告指出："中国特色社会主义进入了新时代，中国社会的主要矛盾已经转化为人民日益增长的美好生活需要和不平衡不充分的发展之间的矛盾。"对农村而言，随着农民群众收入的持续增加，安全、有序、干净、健康、舒适的农村人居环境与良好的生态环境、洁净的饮用水、安全的食品等逐渐成为农民群众日益增长的美好生活需要的重要内容，这种需要今后会变得更为迫切。与此同时，乡村振兴战略 20 字总要求与农村人居环境整治直接相关，生态宜居是乡村振兴的重要目标。近年来，农村生态环境保护全面加强、成效显著，但任务依然艰巨。从这方面来讲，农村人居环境整治是有效破解新时代社会主要矛盾的一个重要路径。

（三）实施农村人居环境整治是增强亿万农民获得感幸福感的重大民生工程

打好打赢脱贫攻坚战、全面建成小康社会、实施乡村振兴战略的出发点和落脚点都是提升亿万农民群众的生活水平和质量。农村人居环境整治通过对生活污水的治理、生活垃圾的治理、厕所粪污的治理、农民群众住房的改善提质、乡村绿化美化行动、村庄村落规划、村容村貌提升等措施，能切实有效地改善农民群众的生活环境，有效提高生活品质，着力提升美丽乡村建设水平，积极推动美丽乡村走向健康乡村，增进人民群众的生态福祉。我们坚持以人民为中心的发展思想，必须顺应农民群众的新期待，下大力气推进农村人居环境整治，把乡村建设成为令人向往的美好家园，开启城乡融合发展新局面。

二、农村人居环境整治的总体要求

推动乡村生态振兴，实施农村人居环境整治，是一项系统工程，要坚持农业农村优先发展，坚持绿水青山就是金山银山，顺应广大农民群众对美好生活的新期待，统筹城乡发展，统筹生产生活生态，以建设美丽宜居村庄、村落为导向，以农村垃圾、污水治理和村容村貌提升为主攻方向，动员各方力量，整合各种资源，强化各项举措，加快补齐农村人居环境突出短板，为如期实现全面建成小康社会和富强民主文明和谐美丽社会主义现代化强国目标打下坚实基础。

（一）因地制宜、分类指导

应充分考虑各地农村的差异性，根据不同地理区位、不同民俗风情、不同经济发展水平、不同人居环境的现状和农民的期盼，科学编制村庄建设规划，科学确定本地区整治的重点和目标任务、方法和标准，明确综合整治的路线图、时间表以及资金需求，既要尽力而为，又要量力而行，集中力量解决突出问题，有条不紊、井然有序处理好各种问题。实行分类指导，有条件的地区可进一步提升人居环境质量，条件不具备的地区可按照实施乡村振兴战略的总体部署持续推进，不搞"一刀切""齐步走"。

（二）示范先行、有序推进

农村人居环境整治是一项复杂的民生工程，不可能一蹴而就、一劳永逸。要充分学习借鉴浙江省等先行地区的好经验、好做法，坚持先易后难、先点后面，循序渐进，通过试点示范不断探索、不断积累经验，着力带动整体提升。要始终坚持规划先行，着力加强规划引导，合理安排整治任务和建设时序，尊重差异，优化生产、生活、生态空间布局，采用适合本地实际的工作路径和技术模式，防止一哄而上和生搬硬套，坚决杜绝形象工程、政绩工程。

（三）注重保护、留住乡愁

统筹兼顾农村田园风貌保护和环境整治，注重挖掘历史文化内涵，注重乡土味道，强化地域的历史与文化元素符号，大力传承和弘扬民族优秀传统文化，突出地域特色、民族特色，凸显人文美和历史记忆，注重乡风文明，综合提升田、水、路、林、村风貌，慎砍树、禁挖山、不填湖、少拆房，全力保护历史文化遗迹遗存，着力保护乡情美景，彰显乡村美感，把每一个村庄村落的特点都体现出来，使之具备鲜明的文化特色、民族风格和乡土风味，促进人与自然和谐共生、村庄村落形态与自然环境相得益彰。

（四）农民主体、激发动力

坚持尊重农民意愿，发挥农民的主体作用，激发农民的内生动力，让农民参与全过程，广泛听取农民的意见，以农民的实际需求为导向，方便农民的生产生活，合理确定整治优先顺序和标准。建立政府、村集体、农民等各方共谋、共建、共管、共评、共享机制，积极动员农民投身美丽家园建设，切实保障农民的知情权、决策权、参与权和监督权。充分发挥村规民约作用，努力提升农民环境卫生意识和生态保护意识，不断提升农民参与人居环境整治的自觉性、积极性、主动性和创造性，切实增强农民的认同感、获得感、幸福感。

（五）建管并重、长效运行

制定农村人居环境整治规划，充分发挥规划的引领作用，避免项目实施的随意性，在规划过程中，要注重与当地本土特色有机结合，坚决避免千篇一律，防止出现"千村一面"现象，要把"是不是符合客观实际、是不是科学合理、有没有地方或民族特色、受不受村民欢迎"作为衡量乡村人居环境整治规划水平的标准。要保证村庄村落规划与人居环境整治规划、村庄村落建设与立业布局、村庄村落管理与环境管理同步进行，统筹规划农业生产、生活和生态发展，促进美丽乡村产业合理布局，做到"生态"与"宜居"相辅相成、融为一体。坚持先建机制、后建工程，合理确定投融资模式和运行管护方式，推进投融资体制机制建设和管护机制创新，探索规模化、专业化、社会化运营机制，确保各类设施建成并长期稳定运行。

（六）积极投入、注重管护

一是建立多元协同参与机制。调动各方面积极性，整合全社会资源构建多方协同参与机制，充分发挥党委政府、村民组织、企业团体、村民乡贤等各方优势，在人居环境整治中各展所长、各尽所能。二是建立主体落实和制度落地的人居环境管护长效机制，明确人居环境整治的实施主体、监督考核主体和指导维护服务主体，出台符合实际、切实可行的规章制度，使人居环境整治成为美丽乡村建设的常态。三是建立政府主导、村庄参与、社会支持的投入机制，为环境整治提供坚实的资金保障。统筹各级各方资源，增强资金投入能力，发挥好政府投资的撬动、带动作用，鼓励和支持社会力量采取捐资、投资、合作保护等方式参与农村人居环境提升。积极推进乡村产业振兴，按照"谁受益、谁付费"的原则，尝试将住户付费相关模式纳入村规民约，弥补保洁资金不足。

（七）落实责任、形成合力

强化地方各级党委和政府的责任，守土有责、守土负责、守土担责、守土尽责，明确省（自治区、直辖市）负总责，县（市、区）狠抓落实，乡镇执行，切实加强统筹协调，加大地方投入力度，强化监督考核激励，建立政府推动、部门联动、上下互动、社会参与、高效有力的工作推进机制，形成心往一处想、劲往一处使、钱往一处投的良好氛围。

三、农村人居环境整治的主要任务

美丽宜居，是乡村的颜值；记住乡愁，是乡村的气质；补齐农村人居环境和公共服务的短板，是乡村生态振兴的基石。当前和今后一个时期，推动乡村生态振兴，实施农村人居环境整治，必须始终坚持以人民为中心，全力组织推动，抓好重点工作。其中，农村厕所革命、生活垃圾治理和生活污水治理，是农村人居环境整治的三大核心硬任务，是"三大革命"。

（一）精心做好农村村庄村落规划

坚持全面规划的理念，规划先行，擘画美丽宜居乡村蓝图。一是科学制定村庄村落布局规划和建设规划，以县域美丽乡村建设规划为龙头，突出抓好村庄村落布点、新村建设和旧村改造规划，并坚持与土地利用总体规划、农村土地综合整治规划、农村住房改造建设规划、历史文化村落保护利用规划有机衔接。二是由于地理位置、自然环境、生活习惯、民族文化、民俗风情和经济发展水平的不同，不同地区的农村人居环境整治需要根据自身实际情况，采取有针对性、可操作性、接地气的措施，予以不同的规划，避免雷同；要对村庄村落建筑风格、村庄村落风貌、乡土人情、特色产业等进行个性化指导，体现乡村风貌和特色，最大限度地保持"原汁原味"，让村庄村落形态和自然环境相得益彰。三是规划与方案既要注重所在区域乡村特有的地理环境和文化、关照农民的需求和期盼，也要兼顾当前整体的需求和长远发展、兼具乡土气息和现代理念，始终坚持做到"一村一品""一村一景""一村一韵"。四是对保留下来作为农村永久性居住点的村，要建设永久性卫生设施，如污水处理系统、垃圾处理系统等；对注定要消失的乡村，则以改善现有的居住条件为目标，建设临时性卫生设施。五是按照布局合理、设计科学、风格独特的要求，加强农村居住地的景观环境建设，构建以自然村为单位的资源循环利用体系，建设家居环境清洁、资源高效利用和农业生产无害的生态型村庄。六是可立足新时代中国美丽宜居乡村建设的新要求，科学设计美丽宜居乡村建设路径，要以实施重大建设工程与重大行动为抓手，坚持绿色创新和重点突破，不断探索美丽宜居乡村建设模式，着力打造农民集中居住区、公共服务功能区、绿化景观休闲区和特色产业园区，建设美丽宜居乡村。

（二）全力推进农村生活垃圾治理

深入开展非正规垃圾堆放点排查整治，重点整治垃圾山、垃圾围村、垃圾围坝和工业污染"上山下乡"。统筹考虑生活垃圾和农业生产废弃物利用、处理，加强农村生活垃圾分类处理能力建设，合理布局垃圾分类处理资源化站点，建立健全符合农村实际、方式多样的生活垃圾收运处置体系，着力提高无害化处理水平。鼓励农民形成绿色的生活生产方式，充分发挥农民群众参与垃圾分类的主体作用，不断形成农民真心支持、主动参与、自觉分类的长效机制，提高垃圾减量化水平。要按照减量化、资源化、无害化的要求和户分类、村收集、镇转运、县处理的基本思路，全面实施"农村生活垃圾治理工程"，逐步实现乡村垃圾收集中转设施全覆盖。要因地制宜、因村施策，有条件的地区要大力推行适合农村特点的垃圾就地分类和资源化利用方式，积极探索垃圾回收量与定期换取日用品或兑换现金挂钩的"绿色存折"模式，分区包干、分散处理、分级投入、分期考核的"四分"模式，拆除垃圾池、分发垃圾桶的"桶进池退"模式和"卖一点、沤一点、烧一点、埋一点、收一点"的"五点减量法"等多种有效模式。构建村庄保洁长效机制，鼓励有条件的地方建立城乡统一的保洁机制，保障稳定的经费来源，结合实际通过以工代赈、工资补助等方式，设立保洁员岗位，优先安排家庭经济困难的劳动力从事村庄保洁工作。

（三）深入推进农村厕所治理革命

小厕所，大民生。农村"厕所革命"是农村人居环境整治"三大革命"的"当头炮"。农村户厕改造主要有卫生厕所、无害化卫生厕所两大方向。卫生厕所指厕屋有墙、有顶、无蝇蛆、无臭，粪池不渗、不漏、密闭有盖，适时清出粪便并进行无害化处理。无害化卫生厕所指具备有效降低粪便中生物致病因子传染性设施的卫生厕所。建设无害化卫生厕所是农村改厕的主要方向，包括 6 种类型：三格式化粪池厕所、双瓮漏斗式厕所、粪尿分集式厕所、三联通式沼气厕所、双坑交替式厕所、有完整上下水道的水冲式厕所。要把厕所改造纳入各地的重点民生实事项目，选择推广适应地域特点、农民群众能够接受的改厕模式，加大改造投入力度，让农民既用得好、又用得起，防止脱离实际。应遵循因地制宜、灵活多样的原则来推行无害化卫生改厕模式，实现粪便无害化处理和资源化利用。经济发达地区、城市城镇近郊区以及其他环境容量较小地区的村庄、村落，应加快推进户用卫生厕所建设和改造，同步实施厕所粪污治理。其他地区要按照群众接受、经济适用、维护方便、不污染公共水体的要求，普及不同水平的卫生厕所。引导农村新建住房及保障性安居工程等项目配套建设无害化卫生厕所，人口规模较大村庄应配套建设公共厕所，对山区、贫困户改厕实行差异化补助政策。鼓励各地结合实际，将厕所粪污、畜禽养殖废弃物一并处理并资源化利用，农村改厕与生活污水治理要有效衔接。

（四）梯次推进农村生活污水治理

生产生活生态既要靠水还要养水，要着力推行以县市区为基本单元的污水治理模式，着力加强农村水环境治理和农村饮用水水源保护，根据农村不同的区位条件、村庄村落人口聚集程度、所产生污水的规模，因地制宜采用污染治理与资源利用有机结合、工程措施与生态措施有机结合、集中与分散有机结合的建设模式和处理工艺。大力推动城镇污水管网向周边的村庄、村落延伸覆盖。积极推广低成本、低能耗、易维护、高效率的污水处理技术，鼓励采用生态处理工艺。加强生活污水源头减量和尾水回收利用。在地理位置相对偏远的村庄村落，积极采取人工湿地、净化槽等方式，着力解决生活污水治理问题。要以房前屋后、河塘沟渠为重点实施清淤疏浚，采取综合措施恢复水生态，逐步消除农村黑臭水体。要将农村水环境治理纳入河长制、湖长制、溪长制管理，落实好河长制、湖长制、溪长制，加强河道、湖泊、溪流管理，严禁工业和城镇污染向农业农村转移，加强农村环境监管能力建设，落实县乡两级农村环境保护主体责任，并严格追责。

（五）深入推进乡村绿化美化行动

推进乡村绿化美化是乡村生态振兴的先手棋，要始终将农村绿化美化纳入乡村整体发展建设和改善农村人居环境的工作布局，坚持高位推动，科学谋划，认真落实。要全面实施乡村绿化美化行动，大力保护乡村生态资源，尤其对乡村范围内的森林（古树名木）、草原、湿地、野生动植物等自然资源，要严格保护、系统保护。要全面保护乡村绿化成果，持续增加乡村绿化总量，持续加强公共空间、庭院绿化美化，见缝植绿，对村庄周边缺株断带、林相残破的河流公路两侧林带、环村林带、农田林网等进行补植修护，构建山地森林化、农田林网化、村屯园林化、道路林荫化、庭院花果化的乡村绿化格局和完整的村庄森林防护屏障，提升其生态功能。着力提升乡村绿化美化质量，通过以绿治脏、以绿治乱、以绿美境、以绿兴产，盘活自然风光、乡土文化等资源要素，逐步改善农村人居环境，提升农民生活品质，带动乡村旅游、森林康养、特色林草产品等产业发展，实现生态产业化、产业生态化，让广大农民共享绿化成果。

（六）开展综合整治提升村容村貌

加大传统村落民居和历史文化名村名镇保护力度，弘扬传统农耕文化，提升田园风光品质。要以拆除乡村的"空心房"为重点，深入开展

"一户多宅"清理整治，对农村的危旧房、闲置房、违建房等应拆尽拆，对腾退出来的土地要实施复耕复绿，要用好建设用地"增减挂钩"和耕地占补平衡政策，筹措农民拆房补助和集体建设资金；坚持拆建管并重，制定农村建房管理办法，实施乡村新居工程，积极引导规范集中建房；要大力提升农村建筑风貌，突出乡土特色和地域特色、民族特点，促使农村面貌明显改观。要积极开展农村生态环境综合治理，加快推进通村通组道路、入户道路建设，尤其是在边远贫困地区农村着力解决村内道路泥泞、村民出行不便等问题；要充分利用本地资源，因地制宜选择路面材料。对村庄村落河道、溪流进行生态化整治，利用边角地、空闲地、撂荒地、拆违地等开展村庄绿化美化，充分利用闲置土地组织开展植树造林、湿地恢复等活动，建设一批供农民群众休闲娱乐的小微公园、公共绿地，建设绿色生态村庄村落。深入开展乡村环境卫生整洁行动，推进卫生乡镇、卫生村等卫生创建工作，整治公共空间和庭院环境，消除私搭乱建、乱堆乱放，完善村庄公共照明设施。切实改善农村生态环境，使农村的路更宽、天更蓝、水更清、地更绿。

四、农村人居环境整治的基本方法

新的时代背景下，要充分满足农民群众日益增长的美好生活需要，推动乡村生态振兴，实现乡村美丽宜居，农村人居环境整治的必要性、紧迫性、长期性更加凸显，科学规范、因地施策更为重要。因此，要切实解决农村人居环境整治中存在的突出问题，还要结合各地实际，采取有效的措施和方法。

（一）要坚持统分结合，做到"统"有章法、"分"有活力

推动乡村生态振兴，实施农村人居环境整治，虽然是单项工作，但

是涉及面广、受关注度高，需要政策配套、机制创新，需要因地制宜、因村施策，需要将顶层设计和基层创新有机结合，抓好规划设计，体现人文特色，切实调动各方面的积极性、主动性和创造性，做到"统"有章法、"分"有活力。

所谓"统"，一是要统一思想认识，解决好个别地区站位不高、重视不够、力度不大、办法不多等问题，以建设美丽宜居村庄为导向，以农村垃圾处理、污水治理和村容村貌提升为主攻方向，做好打整体战、攻坚战、长期战的充分准备。二是要统筹政策资源，既要防止平均用力"撒胡椒面"，又要防止各行其是重复投入，切实将美丽乡村建设、基础设施建设、脱贫攻坚、农村危房改造等相关政策有机结合。三是要统筹发展规划，推动县域乡村建设规划、土地利用总体规划、生态环境建设规划、产业发展规划等相互衔接，逐步实行多规合一，以生动体现时代特征、乡村特色、人文特质。四是要不断优化乡村发展的空间布局和要素配置，着力提升地方基层政府的统筹水平和治理能力。五是要注重实用性与艺术性相统一，历史性与前瞻性相协调，一次性规划与量力而行建设相统筹，专业人员参与与充分听取农民意见相一致，城乡一体编制村庄布局规划，因村制宜编制村庄建设规划，注意把握好整治力度、建设程度、推进速度与财力承受度、农民接受度的关系，不搞千村一面、百村一面，不吊高群众胃口，不提超越发展阶段的目标。

所谓"分"，就是要始终坚持分类指导，防止"千村一面"。一是要针对不同地区和不同村庄的发展水平、自然风貌、人文特点，明确建设重点和建设模式，量力而行，做到先急后缓、先易后难、有力有序、有声有色、有质有量。二是西部的欠发达地区可先着力于农村生活垃圾和村容村貌提升等重点领域，再梯次推动乡村山水林田路房整体改造；东部有条件的地区可进一步提升人居环境质量，已确定易地搬迁的村庄、拟调整的空心村等可不列入整治范围；鼓励各地合理安排任务和时序，防止生搬硬套。三是要坚持分工负责，在省级政府抓统筹、明导向、定政策的基础上，市级政府抓配套、抓规范、抓调度，县级政府履行主体责任，当好"主攻手"，形成上下联动、同向发力的生动局面。四是要坚持分线作战，选择不同类型、不同特质的村庄分线研究、整治，鼓励基层深入探索、大力创新，力求以我为主、博采众长、融合提炼、自成一家，用心打造一批具有民族特色、时代特征、区域特点的"特色村""示范点"，形成可复制、易推广的经验。五是要坚持问题导向、目标导向和效果导向，针对不同发展阶段的主要矛盾问题，制定针对性解决方案和阶段性工作任务。不照搬城市建设模式，根据不同地区经济社会发展水平，分区域、分类型、分重点推进，实现改善农村人居环境与地方经济发展水平相适应、协调发展。

（二）要坚持点面协同，以亮点引领、重点突破、难点攻坚带动全局发展

所谓"亮点引领"，就是要充分发挥典型的引领示范作用，尽量少走或者不走弯路。要深入学习、认真思考、充分结合自身实际，借鉴成功经验，牢牢把握"全域建设一盘棋"的统筹安排、"一张蓝图绘到底"的工作接力、从单一的"示范美"到全域的"大家美"再到全体的"内涵美"与"外在美"有机结合的发展历程。结合村庄、村落实际消化吸收，因地制宜、因村施策打造美丽村庄、美丽庭院、美丽田园。

所谓"重点突破"，就是要狠抓农村的生活垃圾治理，集中力量、不留死角地开展垃圾清运工作，全力以赴抓好垃圾分类、收集、转运和终端处理，让"脏乱差"的面貌迅速并根本改观。要通过群众喜闻乐见的形式，培养农民群众良好的文明卫生习惯，进一步激发农民群众对美好生活

的向往，坚定农民群众建设美丽家园的信心。

所谓"难点攻坚"，就是要大力弘扬"绿水青山就是金山银山"的理念，教育和积极引导农民群众慎砍树、禁挖山、不填湖、少拆房，切实加强生态建设。特别是要把村庄的水系治理和生活污水治理、农村"厕所革命"有机结合起来，把控污与治污统筹起来，分类确定技术路线和治理模式，全面推行河长制、湖长制、溪长制管理模式，着力消灭黑臭水体，恢复水生态环境。只有这样，才能让农村的山体绿起来、水系活起来、环境美起来，村庄、村落才能灵动而富有生气。

要坚持以点带面、串点成线、连线成片，强化农村人居环境整治工作的系统性、整体性和协同性。整体考量农村人居环境整治的空间安排、功能布局、施工步骤，集成推进区域的路网、管网、林网、水网、垃圾处理网、污水处理网建设，从而全面推动农村人居环境焕然一新。

（三）要坚持产业发展和村庄建设"形神兼备"

推动乡村生态振兴，实施农村人居环境整治，不是单一地清淤、治污、建房、刷墙，而是要注重生态美、生活美、生产美的有机结合，这三者相互补充、互为支撑，其中生活美是美丽乡村建设的出发点，是生产美、生态美的主要目标；生产美是实现生活美、生态美的重要支撑和重要途径；生态美是保障生活美、生产美的内在要求。因此，要在提高乡村生态宜居水平的同时，让特色经济为美丽乡村添动力，让特色文化为美好生活增魅力，形成生态环境、生产环境和生活环境都令人满意，充满浓浓人文关怀，居住在这里的人民群众都有归属感的农村聚居环境。

第一，要让产业发展"形神兼备"。在广袤的乡村，从生产到生活，离开了绿色，乡村就失去了本色。要推动乡村生态振兴，就要坚持绿色发展。因此，绿色发展是推进乡村生态振兴和美丽乡村建设的"方向标""定盘星"。要努力发展特色产业，结合村情认真审视自身的资源禀赋，突出特色、重视发挥自身的比较优势，提升品位、保护利用好乡土风情和自然风貌，进一步找准村庄特色和市场需求的共振点，从农业内外、城乡两头共同发力，运用好"互联网＋"模式，构建和延伸农业"接二连三"的产业链和价值链。乡村旅游是推进乡村生态振兴和美丽乡村建设的绿色产业支撑点，要积极打造绿色食品、都市休闲、农事体验、开心农场、特色民宿等新兴业态，着力打好特色牌、生态牌、质量牌、乡情牌、乡愁牌，推出一批叫得响、推得开、有内蕴、上档次的乡村特色品牌，做到保护生态与发展生态旅游相得益彰。

第二，要让村庄建设"形神兼备"。要坚定文化自信，少些盲目效仿。要加强群众精神文明创建，认真梳理文脉资源，征集文化符号，打造文化地标，加快培育文明乡风、良好家风、淳朴民风。加大对古村落、历史文化名村名镇和非物质文化遗产的保护利用，着力提升农村建筑风貌，彰显乡村特色和风土人情，让古韵幽香的诗意田园和乡愁绵延的特色村落浑然一体，让乡愁有守望之地，让文脉有寻根之处，让社会主义核心价值观有传神之笔。正如 2018 年 3 月 8 日习近平总书记在参加十三届全国人大一次会议山东代表团审议时强调的，"特别要保护好传统村落、民族村寨、传统建筑，以多样化美打造各具特色的现代版'富春山居图'"。

（四）要坚持树立法治意识、进取精神，切实改进工作作风

推进乡村生态振兴，实施农村人居环境整治，要坚持自治、法治和德治的有机结合，建立健全党委领导、政府负责、社会协同、公众参与、法治保障的现代乡村社会治理体制，确保乡村社会既要充满活力又要和谐有序。目前，个别农村地区占道建房问题、生活污水随意乱排问题、生活垃

圾任意摆放问题等较为突出，影响了村庄村落风貌和社会稳定。要解决这些问题，必须坚持依法治理、依法处理，坚决纠正挤占公共空间、侵占公共资源和污染环境的行为，逐步实现村庄、村落规划全覆盖，让规划和法治在乡村落地生根。

推进乡村生态振兴，实施农村人居环境整治，要顺势推动乡村移风易俗，让优美的生活环境、文明的生活方式成为农民群众的自觉追求，不断提振其建设美好家园的自信心和精气神，培育自尊自信、理性平和、积极向上的社会心态。要通过人居环境整治，进一步强化广大农民的"主人翁"意识，不断增强集体认同感，让共建共治共享蔚然成风。同时，要将农村人居环境整治的举措、要求、成果、共识等写进村规民约，使之成为村民的共识和自觉行动，把良好风气不断固化、长期坚持、大力传承下去。

推进乡村生态振兴，实施农村人居环境整治，要深入践行群众路线。要进一步加强基层党组织建设，切实坚持问题导向，不搞大拆大建，不断提升工作标杆，着力加大推进力度，严格督查考核，大兴求真务实、真抓实干之风，团结带领广大农民群众共建美丽家园、共享美好生活。

推动乡村生态振兴，实施农村人居环境整治，是推动乡村振兴的"支撑点"，是切实改善党群、干群关系的"黏合剂"，是检验党员干部能力、素质、作风的"试金石"，是构建新型城乡关系的"催化剂"，要切实增强时代感、使命感、责任感、紧迫感，充分发挥党委的领导作用、政府的主导作用、农民群众的主体作用和基层党组织的战斗堡垒作用、党员的先锋模范作用，依靠社会各方力量，共同建设美丽乡村，谱写乡村生态振兴的崭新篇章。

五、农村人居环境整治：浙江从"千村示范、万村整治"工程到美丽乡村建设 ①

浙江省，中国美丽乡村建设的首创地。改革开放至今，浙江省经济高速增长，以前的资源小省发展成为经济强省，农村居民人均收入已连续多年位居各省（自治区、直辖市）前三强。在经济发展的同时，农民群众对乡村的环境污染和村庄的人居环境也格外关注。浙江省充分认识到，要建设现代化浙江，务必全力统筹城乡人居质量，深切关注农民群众正当诉求，顺应农民群众对美好生活的向往。

2003 年 6 月，在时任省委书记习近平同志的倡导和主持下，中共浙江省委、浙江省人民政府作出了大力实施"千村示范、万村整治"工程的前瞻性重大决策，2004 年 7 月 26 日，在全省"千村示范、万村整治"现场会上讲话时，习近平同志强调"要把'千村示范、万村整治'工程作为推动农村全面小康建设的基础工程、统筹城乡发展的龙头工程、优化农村环境的生态工程、造福农民群众的民心工程"，"有效促进城市基础设施向农村延伸、城市公共服务向农村覆盖、城市现代文明向农村辐射"，开启了乡村振兴篇章。

这项工程的持续实施，造就了浙江万千美丽乡村，人居环境领跑全国，有力地支撑着浙江省乡村面貌、经济活力、农民生活水平走在全国前列，成为浙江省的一张金名片，为全国脱贫攻坚、乡村振兴创造了浙江经验，提供了浙江方案。

---

① 案例素材来源：深入实地调研，并根据《中央农办、农业农村部、国家发展改革委关于深入学习浙江"千村示范、万村整治"工程经验扎实推进农村人居环境整治工作的报告》等资料整理、提炼而成。

（一）浙江"千村示范、万村整治"工程的生动实践

浙江省启动"千村示范、万村整治"工程以来，回应乡村发展的诉求，积极丰富乡村建设的内涵，努力提升乡村建设的整体水平，有力地促进了乡村经济发展、文化传承和生态环境建设。2018 年 9 月，这项工程获联合国"地球卫士奖"。

第一，高站位谋划"千村示范、万村整治"工程。一是聚焦发展实践，回应农民群众关切，廓清发展脉络。面对乡村基础设施落后、违章搭建乱纷纷、人居环境脏乱差、生态破坏严重、城乡差距越来越大等客观现实，以农村生产、生活、生态三大环境改善为重点，选择 1 万个左右的建制村予以全面整治，把其中 1000 个左右的中心村建成全面小康示范村，即积极打造样板，以县级为平台、乡镇为主战场、村一级为主阵地，每个县搞 10 个示范村，100 个县就是千村示范。二是坚持规划先导，与时俱进创新，强化组织领导。组织专业机构制定、完善村庄总体规划，确定示范村和整治村名录，出台整治规划；各级政府集中财力统筹示范村规划编制和村庄整治的以奖代补，盘活存量土地保证村庄建设用地，强化服务降低建设成本，运用市场机制吸纳社会资金等；同时，牢牢抓住乡／镇这个关键、明确市／县责任，建立省级示范村验收与评优程序。

第二，高标准推进"千村示范、万村整治"工程由"点"到"面"。一是"千村示范、万村整治"工程的示范引领。2003 年至 2007 年示范引领，紧盯农村环境脏、乱、散、差问题不放松，形成 1181 个"全面小康建设示范村"，初步形成以政府主导和农民主体并重、投入机制健全的乡村环境治理与产业发展新格局；2008 年至 2012 年整体推进，将"全面小康建设示范村"的经验扩大至全省的全部乡村。二是"千村示范、万村整治"的侧重要素与全域拓展。2003 年至 2010 年，侧重垃圾、污水、厕

所、水系、道路与绿化等要素，优先整治基础相对较好的行政村，实行农村垃圾集中收集处理，全面改造简易户厕，建立常态保洁制度；2011年以来，注重源头与区域破解浙江农村环境问题，联动推进道路硬化、植树造林、河沟清淤、垃圾治理、污水处理等网络一体化建设，强化历史文化村落保护利用，建立"县—乡—村—户"四级联动机制；2016年以来，高度重视村庄环境一体化建设，并且系统整治全省的路网、河道、湖泊、景区、城镇等环境卫生，不断优化各种集聚场所的日常环境管护。目前，浙江省广大乡村既提颜值又增内涵，农村生活垃圾集中处理建制村全覆盖，卫生厕所覆盖率98.6%，规划保留村生活污水治理覆盖率100%，畜禽粪污综合利用、无害化处理率97%，村庄实现净化、绿化、亮化、美化，为全国农村人居环境整治树立了标杆。

（二）浙江美丽乡村建设的生动实践

2010年，浙江省制定实施了《浙江省美丽乡村建设行动计划（2011—2015年）》，突出强调"规划科学布局美、村容整洁环境美、创业增收生活美、乡风文明身心美"的建设要求；2012年6月，浙江省提出"深化'千村示范、万村整治'工程，全面推进'美丽乡村'建设"。

第一，创新推进农村环境卫生整治。从农村垃圾集中处理、村庄环境卫生整治入手，着力推进农村垃圾无害化分类处理，大力推广户集、村收、镇运、县处理的垃圾处理模式。各地因地制宜采用多种方法实现农村生活垃圾减量化、资源化、无害化处置，积极构建科学规范的分类收集、定点投放、分拣清运、回收利用、生物堆肥模式。全省选择中心村试点垃圾分类减量，推广机器堆肥1324个村、太阳能堆肥房1849座和微生物发酵处理技术380个村，多模式破解生活垃圾终端处理难题，这还不包括各村自建或联建的各种处理设施。如安吉县探索实行"农村物业管理"新模式，将原本分散在县相关职能部门和镇、街道的城乡环境管理职能整合委托给农村物业公司，农村物业公司对全县的乡村、公路、河道、集镇等区域予以统一保洁、收集、清运、处理、养护，组建专业化环境卫生管理队伍，实行网格化布局、标准化作业、分类化处理和智能化监管、社会化监督、项目化考核。永康市成立农村垃圾治理工作小组，专人负责垃圾分类处理工作，指导全市农村垃圾分类处理工作的组织负责实施、协调和监督检查，形成协同配合、广泛联动、齐抓共治的长效机制。同时，探索简便易行方法，使垃圾分类让人民群众易接受，海宁等地将垃圾分为可回收、可堆肥、不可堆肥、有毒有害垃圾等四类，惠民利民，成效显著。

第二，协同推进水环境综合治理。浙江省通过"五水共治"的决策部署，全面吹响治污水、防洪水、排涝水、保供水、抓节水冲锋号，打响消灭"黑臭河""劣V类水"攻坚战。截至2018年8月，清理垃圾河6500千米、黑臭河5100千米，新增城镇污水处理能力近300万吨，建成城镇污水配套管网1.6万余千米；完成河湖库塘清淤3.1亿立方米，排查整治排污（水）口30余万个；全省农村生活污水有效治理村基本全覆盖，水体黑、臭等感官污染基本消除，昔日的垃圾河、黑臭河变成了景观河、风景带，全省大多数河流能游泳，人民群众重新找回了儿时的记忆和乡愁。同时，率先在全国推行具有鲜明浙江特色的五级河长制，率先颁布实施河长制地方法规，全省有各级河长6万余名，并配备"河道警长"，推行湖长制、滩（湾）长制，治水管理体系逐步延伸到湖库、海湾以及池、渠、塘、井等小微水体。

第三，深入推进农村住房整治。大力改造农村危旧房，着力打造"浙派民居"，切实改善人民群众居住条件和村庄村落风貌。2006年率先在全国开展了农村困难家庭危旧房改造工作，在此基础上协同推进美丽宜居示范村建设中的"拆危房、拆旧房、拆违法建筑'三拆'"和"美化、绿化、洁化'三化'"项目，现已率先在全国基本完成农村困难家庭危房改造。同时，全面优化村庄村落人居生态布局，大力推进村庄规划、村庄设计和农房设计，完善"村庄布点规划—村庄规划—村庄设计—农房设计"规划设计层级体系，强力推进"无违建县、乡、村"创建，确保农民群众住房有特色、有品质、有风貌，全面提升村庄美丽人居和绿化、美化、亮化、净化水平，着力打造具有绿美农韵和浙派风格的美丽宜居乡村。截至2017年年底，全省完成4000个中心村、1000个示范村、1万幢历史建筑的村庄（修）编规划与设计、整治、维护，有效传承了"浙派民居"。

第四，注重保护与传承乡村历史文化。积极挖掘人文元素，从2013年以来就将农村文化礼堂建设、礼堂活动内容丰富作为抓手，深入推进乡村文化礼堂建设，一座座文化礼堂在广大乡村拔地而起，营造了积极向上的乡村精神文化生活氛围。全力保护历史文化遗迹遗存，深入推进历史文化村落保护，把古建筑村落（古建筑等历史文化实物比较丰富和集中的村落）、自然生态村落（历史建筑与自然生态相和谐的村落）、民俗风情村落（非物质文化遗产丰富且延续至今活动频繁的村落）都纳入"历史文化村落"范畴。

第五，协同推进乡村优美环境营造。把当地的山、水、田、林、路、湖、草等与生态宜居环境整治有机结合，把村庄建设改造与周围生态环境提升有机结合，构建秀美空间环境；立足生态系统保护、管控和修复，统筹治理农村生活污水、垃圾以及其他废弃物、污染物，修复四季常青、五谷丰登、六畜兴旺的绿色生态系统。持续推进乡村环境设施建设，全省村庄实现了垃圾无害化处理与污水集中处理，村级公交、宽带、社保、教育医疗、村民文化礼堂等基本公共服务实现了均等化。安吉县余村、东阳市花园村、永嘉县屿北村、嵊泗县田岱村、义乌市何斯路村、淳安县下姜村等村庄成为浙江省乡村环境治理的典型。

第六，深入推进万村景区化建设，共享美丽乡村"大花园"。因地制宜、因村施策景区化建设乡村，着力提升美丽乡村的旅游可进入性。浙江省提出到 2020 年累计建成"千村 3A 景区、万村 A 级景区"的"新千万工程"，这既是深入贯彻习近平总书记对浙江"千村示范、万村整治"工程作出的重要批示的有力举措，又顺应了生态文明、全域旅游兴起和乡村振兴的新趋势。全省建成大景区推进全域旅游示范，打造"诗画江南"韵味"大花园"，顺势将累积 17 年的"千村示范、万村整治"工程和美丽乡村建设成果转化为美丽产业为农民增收提供新路径。"新千万工程"强调"美丽乡村"从"宜居、宜业"到"宜游"的升华，着力建设"共创共享的共富乡村、生态农韵的绿色乡村、文化为魂的人文乡村、文明乐活的健康乡村和民主法治的善治乡村"为内涵的"美丽乡村"升级版，从而成为推动浙江农村高水平建成全面小康社会和高水平推进农业农村现代化的战略工程。

第七，深入推进乡村惠农产业发展。紧扣生态环境优势，注重绿色引领，经营乡村美丽资本，着力推进"生态 +"产业培育，重点发展生态农业、生态旅游、生态工业等生态经济，生态优势的红利逐渐释放。"秀山丽水、潇洒桐庐、金色平湖、幸福江山、自在舟山、梦留奉化、活力衢州"等一系列浙江省的市 / 县新名片，充分反映出"美丽"日益根植浙江的村镇建设，而且"美丽产业"正迎来令人惊叹的生态与经济融合的乘数效应。

如桐庐、淳安、德清、仙居等地乡村旅游和民宿经济发展迅速，德清县 2017 年乡村旅游接待游客 658.3 万人次，实现直接营业收入 22.7 亿元，以洋家乐为代表的 150 家高端民宿接待游客 49.8 万人次，实现直接营业收入 5.8 亿元。

建德市以发展生态特色农业为目标，形成了草莓、畜禽、茶叶、药材四大优势产业和一批农业精品园，创建全国首个乡村旅游品牌——建德果蔬乐园，被称为"农夫山泉故乡，果蔬采摘天堂"。

安吉县余村以前到处是矿山，村民虽然获得了眼前的经济效益，但村里环境污染越来越严重，为切实改变这一被动局面，村里关闭了所有污染生态的矿山，全力推进美丽乡村建设，从以前"卖石头"到现在"卖风景"，从靠山吃山到养山富山，目前，余村已成为全国民主法治示范村、全国美丽宜居示范村、浙江省文明村、国家 AAA 级景区，并荣获"全国生态文化村"和浙江省首批"全面小康建设示范村"等称号，成为美丽乡村建设的样板。

（三）从"千村示范、万村整治"工程到美丽乡村建设的经验

2003 年以来，浙江省以实施"千村示范、万村整治"工程、建设美丽乡村为载体，聚焦目标，突出重点，持续用力，先后经历了示范引领、整体推进、深化提升、转型升级四大阶段，不断推动美丽乡村建设取得新成就。如今，行走在浙江，乡村环境优美，宜居、宜业、宜游，令人沉醉神往。

习近平总书记多次作出重要批示，要求结合农村人居环境整治三年行动计划和乡村振兴战略实施，进一步推广浙江好的经验做法，建设好生态宜居的美丽乡村。近期，习近平总书记作出重要批示："浙江'千村示范、万村整治'工程起步早、方向准、成效好，不仅对全国有示范作用，在国际上也得到认可。要深入总结经验，指导督促各地朝着既定目标，持续发力，久久为功，不断谱写美丽中国建设的新篇章。"

总结浙江省 17 年来着力推动"千村示范、万村整治"工程的坚守与实践，主要有以下七个方面的经验。

第一，始终坚持以绿色发展理念引领农村人居环境综合治理。2003

年以来，浙江省通过深入学习和广泛宣传教育，习近平总书记"绿水青山就是金山银山"的理念深入人心，推进"千村示范、万村整治"工程成为人们的自觉行动。把可持续发展、绿色发展理念贯穿于改善农村人居环境的各阶段各环节全过程，扎实持续改善农村人居环境，发展绿色产业，为增加农民收入、提升农民群众生活品质奠定了基础，为农民建设幸福家园和美丽乡村注入了活力。

第二，始终坚持高位推动，党政"一把手"亲自抓。习近平总书记在浙江工作期间，每年都出席全省"千村示范、万村整治"工程工作现场会，明确要求凡是"千村示范、万村整治"工程中的重大问题，地方党政"一把手"都要亲自过问。浙江省历届党委和政府坚持农村人居环境整治"一把手"责任制，成立由各级主要负责同志挂帅的领导小组，每年召开一次全省高规格的现场推进会，省委省政府的主要领导同志到会作重要指示，进行部署。全省上下形成了党政"一把手"亲自抓、分管领导直接抓、一级抓一级、层层抓落实的工作推进机制。省委省政府把农村人居环境整治纳入为群众办实事内容，纳入党政干部绩效考核和末位约谈制度，坚持强化监督考核和奖惩激励。坚持注重发挥各级党委政府农业农村部门的统筹协调作用，发展改革、财政、自然资源、生态环境、住房和城乡建设等部门密切配合，明确责任分工，集中力量办大事、办好事。

第三，始终坚持因地制宜，分类指导。浙江省十分注重规划先行，从实际出发，坚持问题导向、目标导向和效果导向，针对不同发展阶段的主要矛盾问题，制定针对性解决方案和阶段性工作任务。不照抄照搬城市建设模式，区分不同经济社会发展水平，分区域、分类型、分重点推进，实现改善农村人居环境与地方经济发展水平相适应、协调发展、协同发展。

第四，始终坚持有序改善民生福祉，先易后难。浙江省坚持把良好的生态环境作为最公平的公共产品、最普惠的民生福祉，从解决群众反映最强烈的环境脏、乱、差做起，到改水改厕、村道硬化、污水治理等提升农村生产生活的便利性，到实施绿化亮化、村庄综合治理提升农村形象，再到实施产业培育、完善公共服务设施、美丽乡村创建提升农村生活品质，先易后难，逐步延伸。从创建示范村、建设整治村，以点串线，连线成片，再以星火燎原之势全域推进农村人居环境改善，深入探索农村人居环境整治的新路子，实现了从"千村示范、万村整治"工程到美丽乡村、再到美丽乡村升级版的跃迁。

第五，始终坚持系统治理，久久为功。浙江省坚持一张蓝图绘到底，一件事情接着一件事情办，一年接着一年干，充分发挥规划在引领发展、指导建设、配置资源等方面的基础作用，充分体现地方特点、文化特色，融田园风光、人文景观和现代文明于一体。坚决克服短期行为，避免造成"前任政绩、后任包袱"。推进"千村示范、万村整治"工程，注重建设与管理并重，将加强公共基础设施建设和建立长效管护机制同步抓实、抓好。坚持硬件与软件建设同步进行，建设与管护同步考虑，通过村规民约、家规家训挂厅堂、进礼堂、驻心堂，实现乡村文明提升与环境整治互促互进。

第六，始终坚持真金白银投入，强化要素保障。浙江省建立了政府投入引导、农村集体和农民投入相结合、社会力量积极支持的多元化投入机制，省级财政设立专项资金、市级财政配套补助、县级财政纳入年度预算，真金白银投入。据统计，2003年以来，浙江省各级财政累计投入村庄整治和美丽乡村建设的资金超过1800多亿元。与此同时，还积极整合农村水利、农村危房改造、农村环境综合整治等各类资金，下放项目审批权和立项权，充分调动基层政府的积极性、主动性。

第七，始终坚持强化政府引导作用，调动农民主体和市场主体力量。浙江省坚持调动政府、农民和市场三方面的积极性，建立政府主导、农民主体、部门配合、社会资助、企业参与、市场运作的建设机制。政府充分发挥引导作用，做好规划编制、政策支持、试点示范等，解决单靠一家一户、一村一镇难以解决的问题。注重发动群众、依靠群众，"清洁庭院"鼓励农户开展房前屋后庭院的卫生清理、堆放整洁，"美丽庭院"绿化因地制宜鼓励农户种植花草果木、着力提升庭院景观。积极完善农民参与引导机制，通过"门前三包"、垃圾分类积分制等，大力激发农民群众的积极性、主动性和创造性。注重发挥基层党组织和工会、共青团、妇联等群团组织贴近农村、贴近农民的优势。通过政府购买服务等方式，吸引市场主体积极参与。同时，通过宣传、表彰等方式，调动引导社会各界和农村先富起来的群体关心支持农村人居环境，广泛动员社会各界力量，形成全社会共同参与推动的大格局。

参考文献

一、重要文献

1. 胡锦涛：《高举中国特色社会主义伟大旗帜　为夺取全面建设小康社会新胜利而奋斗——在中国共产党第十七次全国代表大会上的报告》，人民出版社2007年版。

2. 胡锦涛：《坚定不移沿着中国特色社会主义道路前进　为全面建成小康社会而奋斗——在中国共产党第十八次全国代表大会上的报告》，人民出版社2012年版。

3. 环境保护部编：《向污染宣战——党的十八大以来生态文明建设与环境保护重要文献选编》，人民出版社2016年版。

4. 习近平：《决胜全面建成小康社会　夺取新时代中国特色社会主义伟大胜利——在中国共产党第十九次全国代表大会上的报告》，人民出版社2017年版。

5. 习近平：《之江新语》，浙江人民出版社2013年版。

6. 《习近平关于实现中华民族伟大复兴的中国梦论述摘编》，中央文献出版社2013年版。

7. 《习近平谈治国理政》，外文出版社2014年版。

8. 《习近平总书记系列重要讲话读本》，学习出版社、人民出版社2016年版。

二、政策文件

1. 《2017中国生态环境状况公报》，2019年4月9日，见http://www.gov.cn/

guoqing/2019-04/09/content_5380689.htm。

2. 《2018 中国生态环境状况公报》，2019 年 5 月 29 日，见 http://www.mee.gov.cn/hjzl/zghjzkgb/lnzghjzkgb/201905/P020190619587632630618.pdf。

3. 《国家林业和草原局关于印发〈乡村绿化美化行动方案〉的通知》，2019 年 3 月 31 日，见 http://www.gov.cn/xinwen/2019-03/31/content_5377633.htm。

4. 《国务院办公厅关于促进全域旅游发展的指导意见》，2018 年 3 月 22 日，见 http://www.gov.cn/zhengce/content/2018-03/22/content_5276447.htm。

5. 《国务院办公厅关于改善农村人居环境的指导意见》，2014 年 5 月 29 日，见 http://www.gov.cn/zhengce/content/2014-05/29/content_8835.htm。

6. 《国务院办公厅关于进一步激发文化和旅游消费潜力的意见》，2019 年 8 月 23 日，见 http://www.gov.cn/zhengce/content/2019-08/23/content_5423809.htm。

7. 《国务院办公厅关于深入开展消费扶贫助力打赢脱贫攻坚战的指导意见》，2019 年 1 月 14 日，见 http://www.gov.cn/zhengce/content/2019-01/14/content_5357723.htm。

8. 《国务院办公厅关于推进农村一二三产业融合发展的指导意见》，2016 年 1 月 4 日，见 http://www.gov.cn/zhengce/content/2016-01/04/content_10549.htm。

9. 《国务院关于促进乡村产业振兴的指导意见》，2019 年 6 月 28 日，见 http://www.gov.cn/zhengce/content/2019-06/28/content_5404170.htm。

10. 《国务院关于实施健康中国行动的意见》，2019 年 7 月 15 日，见 http://www.gov.cn/zhengce/content/2019-07/15/content_5409492.htm。

11. 《国务院关于印发"十三五"生态环境保护规划的通知》，2016 年 12 月 5 日，见 http://www.gov.cn/zhengce/content/2016-12/05/content_5143290.htm。

12. 《国务院关于印发打赢蓝天保卫战三年行动计划的通知》，2018 年 7 月 3 日，见 http://www.gov.cn/zhengce/content/2018-07/03/content_5303158.htm。

13. 《国务院关于印发土壤污染防治行动计划的通知》，2016 年 5 月 31 日，见 http://www.gov.cn/zhengce/content/2016-05/31/content_5078377.htm。

14.《杭州市人民政府办公厅关于印发下姜村及周边地区乡村振兴发展规划的通知》，2018 年 3 月 13 日，见 http://www.hangzhou.gov.cn/art/2018/3/13/art_1256295_15995381.html。

15.《环境保护部关于深化"以奖促治"工作促进农村生态文明建设的指导意见》，2012 年 9 月 7 日，见 http://www.mee.gov.cn/gkml/hbb/bwj/201209/t20120907_235883.htm。

16.《环境保护部关于印发〈国家生态文明建设示范村镇指标（试行）〉的通知》，2014 年 1 月 26 日，见 http://www.mee.gov.cn/gkml/hbb/bwj/201401/t20140126_266962.htm。

17.《环境保护部关于印发〈全国生态保护"十三五"规划纲要〉的通知》，2016 年 12 月 12 日，见 http://www.scio.gov.cn/xwfbh/xwbfbh/wqfbh/33978/20161212/xgzc35668/Document/1535185/1535185.htm。

18.《农业部办公厅关于印发〈重点流域农业面源污染综合治理示范工程建设规划（2016—2020 年）〉的通知》，《中华人民共和国农业部公报》2017 年第 4 期。

19.《农业农村部办公厅关于印发〈乡村振兴科技支撑行动实施方案〉的通知》，2018 年 9 月 30 日，见 http://www.moa.gov.cn/gk/ghjh_1/201809/t20180930_6159733.htm。

20.《农业农村部关于大力实施乡村振兴战略加快推进农业转型升级的意见》，2018 年 11 月 29 日，见 http://www.moa.gov.cn/ztzl/xczx/zccs_24715/201811/t20181129_6164035.htm。

21.《农业农村部关于深入推进生态环境保护工作的意见》，2018 年 7 月 25 日，见 http://www.moa.gov.cn/gk/ghjh_1/201807/t20180725_6154722.htm。

22.《农业农村部关于印发〈农业绿色发展技术导则（2018—2030 年）〉的通知》，2018 年 7 月 6 日，见 http://www.moa.gov.cn/govpublic/KJJYS/201807/t20180706_6153629.htm。

23.《全国土壤污染状况调查公报》，2014 年 4 月 17 日，见 http://www.gov.cn/

foot/site1/20140417/782bcb88840814ba158d01.pdf。

24. 《生态环境部农业农村部关于印发〈农业农村污染治理攻坚战行动计划〉的通知》，2018 年 11 月 29 日，见 http://www.moa.gov.cn/ztzl/xczx/zccs_24715/201811/t20181129_6164067.htm。

25. 《文化和旅游部等 17 部门关于印发〈关于促进乡村旅游可持续发展的指导意见〉的通知》，2018 年 12 月 27 日，见 http://www.moa.gov.cn/ztzl/xczx/zccs_24715/201812/t20181227_6165694.htm。

26. 《中共中央 国务院关于打赢脱贫攻坚战三年行动的指导意见》，2018 年 8 月 19 日，见 http://www.gov.cn/zhengce/2018-08/19/content_5314959.htm。

27. 《中共中央 国务院关于坚持农业农村优先发展做好"三农"工作的若干意见》，2019 年 2 月 19 日，见 http://www.gov.cn/zhengce/2019-02/19/content_5366917.htm。

28. 《中共中央 国务院关于全面加强生态环境保护坚决打好污染防治攻坚战的意见》，2018 年 6 月 24 日，见 http://www.gov.cn/zhengce/2018-06/24/content_5300953.htm。

29. 《中共中央 国务院关于深入推进农业供给侧结构性改革加快培育农业农村发展新动能的若干意见》，2017 年 2 月 5 日，见 http://www.gov.cn/zhengce/2017-02/05/content_5165626.htm。

30. 《中共中央 国务院关于实施乡村振兴战略的意见》，2018 年 2 月 4 日，见 http://www.gov.cn/zhengce/2018-02/04/content_5263807.htm。

31. 《中共中央 国务院关于完善促进消费体制机制进一步激发居民消费潜力的若干意见》，2018 年 9 月 20 日，见 http://www.gov.cn/xinwen/2018-09/20/content_5324109.htm。

32. 《中共中央 国务院印发〈乡村振兴战略规划（2018—2022 年）〉》，2018 年 9 月 26 日，见 http://politics.people.com.cn/n1/2018/0926/c1001-30315263-2.html。

33. 《中共中央办公厅 国务院办公厅印发〈关于创新体制机制推进农业绿色发展

的意见〉》，2017 年 9 月 30 日，见 http：//www.gov.cn/xinwen/2017-09/30/content_5228960.htm。

34.《中共中央办公厅 国务院办公厅印发〈关于促进小农户和现代农业发展有机衔接的意见〉》，2019 年 2 月 21 日，见 http：//www.gov.cn/zhengce/2019-02/21/content_5367487.htm。

35.《中共中央办公厅 国务院办公厅印发〈关于划定并严守生态保护红线的若干意见〉》，2017 年 2 月 7 日，见 http：//www.gov.cn/zhengce/2017-02/07/content_5166291.htm。

36.《中共中央办公厅 国务院办公厅印发〈关于建立以国家公园为主体的自然保护地体系的指导意见〉》，2019 年 6 月 26 日，见 http：//www.gov.cn/zhengce/2019-06/26/content_5403497.htm。

37.《中共中央办公厅 国务院办公厅印发〈建立国家公园体制总体方案〉》，2017 年 9 月 26 日，见 http：//www.gov.cn/zhengce/2017-09/26/content_522 7713.htm。

38.《中共中央办公厅 国务院办公厅印发〈农村人居环境整治三年行动方案〉》，2018 年 12 月 4 日，见 http：//www.moa.gov.cn/ztzl/xczx/zccs_24715/201812/t20181204_6164347.htm。

39.《中共中央办公厅 国务院办公厅印发〈天然林保护修复制度方案〉》，2019 年 7 月 23 日，见 http：//www.gov.cn/zhengce/2019-07/23/content_5413850.htm。

40.《中共中央办公厅 国务院办公厅转发〈中央农办、农业农村部、国家发展改革委关于深入学习浙江"千村示范、万村整治"工程经验扎实推进农村人居环境整治工作的报告〉》，2019 年 3 月 6 日，见 http：//www.gov.cn/zhengce/2019-03/06/content_5371291.htm。

41.《中央农办农业农村部自然资源部国家发展改革委财政部关于统筹推进村庄规划工作的意见》，2019 年 1 月 18 日，见 http：//www.moa.gov.cn/ztzl/xczx/zccs_24715/201901/t20190118_6170350.htm。

42.《中央农办农业农村部等 18 部门关于印发〈农村人居环境整治村庄清洁行

动方案〉的通知》，2019 年 1 月 18 日，见 http://www.moa.gov.cn/ztzl/xczx/zccs_24715/201901/t20190118_6170349.htm。

三、专著

1. 郝清杰、杨瑞等：《中国特色社会主义生态文明建设研究》，中国人民大学出版社 2016 年版。

2. 胡鞍钢：《中国创新绿色发展》，中国人民大学出版社 2012 年版。

3. 贾卫列、杨永岗等：《生态文明建设概论》，中央编译出版社 2013 年版。

4. 贾治邦：《论生态文明》，中国林业出版社 2015 年版。

5. 李宏伟：《当代中国生态文明建设战略研究》，中共中央党校出版社 2013 年版。

6. 娄胜霞：《西部地区生态文明建设中的保护与治理》，中国社会科学出版社 2016 年版。

7. 欧阳志云等：《生态安全战略》，学习出版社、海南出版社 2014 年版。

8. 全国干部培训教材编审指导委员会组织编写：《生态文明建设与可持续发展》，人民出版社、党建读物出版社 2011 年版。

9. 全国干部培训教材编审指导委员会组织编写：《推进生态文明　建设美丽中国》，人民出版社、党建读物出版社 2019 年版。

10. 尚道文：《武陵山片区生态文明建设研究》，湖南人民出版社 2017 年版。

11. 于晓雷：《实现中国梦的生态环境保障——中国特色社会主义生态文明建设》，红旗出版社 2014 年版。

12. 赵凌云、张连辉等：《中国特色生态文明建设道路》，中国财政经济出版社 2014 年版。

四、文章

1. 陈颖、吴娜伟等：《农业农村污染治理攻坚战的重点与难点解析——〈农业农村污染治理攻坚战行动计划〉解读》，《环境保护》2019 年第 1 期。

2. 成金华、彭昕杰：《长江经济带矿产资源开发对生态环境的影响及对策》，

《环境经济研究》2019 年第 2 期。

3. 程莉、文传浩：《乡村绿色发展的践行价值、实践导向与政策支撑》，《理论界》2018 年第 10 期。

4. 范建华：《乡村振兴战略的时代意义》，《行政管理改革》2018 年第 2 期。

5. 高红贵、赵路：《探索乡村生态振兴绿色发展路径》，《中国井冈山干部学院学报》2019 年第 1 期。

6. 高尚宾、徐志宇等：《乡村振兴视角下中国生态农业发展分析》，《中国生态农业学报》（中英文）2019 年第 2 期。

7. 何成军、李晓琴等：《乡村振兴战略下美丽乡村建设与乡村旅游耦合发展机制研究》，《四川师范大学学报》（社会科学版）2019 年第 2 期。

8. 胡豹：《以高质量为引领推进浙江乡村振兴》，《浙江经济》2019 年第 5 期。

9. 胡钰等：《脱贫攻坚与乡村振兴有机衔接中的生态环境关切》，《改革》2019 年第 10 期。

10. 黄国勤：《论乡村生态振兴》，《中国生态农业学报》（中英文）2019 年第 2 期。

11. 黄明：《以习近平新时代中国特色社会主义思想为指导　全面提升自然灾害综合防治能力》，《时事报告》（党委中心组学习）2018 年第 4 期。

12. 贾小梅、王亚男等：《乡村振兴战略下的农村生态环境管理对策研究》，《环境与可持续发展》2018 年第 6 期。

13. 鞠昌华、张慧：《乡村振兴背景下的农村生态环境治理模式》，《环境保护》2019 年第 1 期。

14. 孔祥智：《生态宜居是实现乡村振兴的关键》，《中国国情国力》2018 年第 11 期。

15. 刘军会、邹长新等：《中国生态环境脆弱区范围界定》，《生物多样性》2015 年第 6 期。

16. 刘永富：《以习近平总书记扶贫重要论述为指导坚决打赢脱贫攻坚战》，《行政管理改革》2019 年第 5 期。

17. 刘志博、严耕等：《乡村生态振兴的制约因素与对策分析》，《环境保护》

2018 年第 12 期。

18. 罗必良：《推进我国农业绿色转型发展的战略选择》，《农业经济与管理》
2017 年第 6 期。

19. 马国霞、周夏飞等：《2015 年中国生态系统生态破坏损失核算研究》，《地理
科学》2019 年第 6 期。

20. 缪建明、王宏等：《深入推进我国农业绿色发展的思考》，《农业部管理干部
学院学报》2019 年第 1 期。

21. 欧阳志云：《我国生态系统面临的问题与对策》，《中国国情国力》2017 年第
3 期。

22. 彭佳学：《浙江"五水共治"的探索与实践》，《行政管理改革》2018 年第 10 期。

23. 秦昌波、苏洁琼等：《我国水资源安全面临的挑战与应对策略研究》，《环境
保护》2019 年第 10 期。

24. 秦书生：《习近平关于建设美丽中国的理论阐释与实践要求》，《党的文献》
2018 年第 5 期。

25. 邱微、王立友等：《"美丽中国"与自然环境关系研究》，《环境科学与管理》
2013 年第 11 期。

26. 任志芬：《生态文明视域下乡村生态振兴的路径探析》，《绍兴文理学院学报》
2018 年第 6 期。

27. 苏杨、潘智文：《通过构建美丽乡村治理模式实现乡村绿色振兴——基于浙
江仙居国家公园经验》，《环境保护》2018 年第 8 期。

28. 孙秋鹏：《经济高质量发展对环境保护和生态文明建设的推动作用》，《当代
经济管理》2019 年第 5 期。

29. 孙炜琳、王瑞波等：《农业绿色发展的内涵与评价研究》，《中国农业资源与
区划》2019 年第 4 期。

30. 汪京序：《乡村振兴的生态伦理维度探析》，《长白学刊》2018 年第 6 期。

31. 王昌海：《改革开放 40 年中国自然保护区建设与管理：成就、挑战与展望》，
《中国农村经济》2018 年第 10 期。

32. 王夏晖、王波等：《基于生态系统观的美丽宜居乡村建设》，《环境保护》2019 年第 2 期。

33. 习近平：《推动我国生态文明建设迈上新台阶》，《求是》2019 年第 3 期。

34. 夏宝龙：《美丽乡村建设的浙江实践》，《求是》2014 年第 5 期。

35. 徐义流：《乡村生态振兴的科技路径》，《农业科技管理》2018 年第 6 期。

36. 郇庆治：《生态文明建设的区域模式——以浙江安吉县为例》，《贵州省党校学报》2016 年第 4 期。

37. 杨平宇、刘昊：《构建绿色发展经济体系　推进高质量发展》，《经济研究参考》2019 年第 10 期。

38. 杨世伟：《乡村振兴战略与精准脱贫攻坚有机衔接研究》，《中国国情国力》2019 年第 6 期。

39. 于法稳：《基于健康视角的乡村振兴战略相关问题研究》，《重庆社会科学》2018 年第 4 期。

40. 于法稳：《绿色发展理念视域下的农村生态文明建设对策研究》，《中国特色社会主义研究》2018 年第 1 期。

41. 于法稳：《全面推进乡村生态振兴》，《群言》2019 年第 3 期。

42. 于法稳：《实施乡村生态振兴，推进美丽宜居乡村建设》，《金融经济》2018 年第 19 期。

43. 于法稳：《习近平绿色发展新思想与农业的绿色转型发展》，《中国农村观察》2016 年第 5 期。

44. 于法稳：《乡村振兴战略下农村人居环境整治》，《中国特色社会主义研究》2019 年第 2 期。

45. 余欣荣：《搞好农村人居环境整治　建设美丽宜居乡村》，《时事报告》（党委中心组学习）2019 年第 5 期。

46. 俞海等：《习近平生态文明思想：发展历程、内涵实质与重大意义》，《环境与可持续发展》2018 年第 4 期。

47. 俞云峰、刘磊：《山区农村经济发展的浙江"下姜"经验与启示》，《北方经济》2018 年第 7 期。

48. 张广裕：《西部重点生态区环境保护与生态屏障建设实现路径》，《甘肃社会科学》2016 年第 1 期。

49. 张红宇：《牢牢把握新时代乡村振兴的历史使命》，《当代县域经济》2018 年第 8 期。

50. 张建龙：《深入推进大规模国土绿化行动　推动国土绿化不断取得实实在在的成效》，《时事报告》(党委中心组学习) 2019 年第 3 期。

51. 张为民：《整治农村人居环境重在统筹推进》，《人民论坛》2018 年第 15 期。

52. 张艳明、马永俊：《现代乡村生态系统的功能及其保护研究》，《安徽农业科学》2008 年第 6 期。

53. 张月昕：《以绿色发展引领乡村振兴——浅析新时代美丽乡村建设的行政路径》，《中国行政管理》2018 年第 7 期。

54. 张志胜：《多元共治：乡村振兴战略视域下的农村生态环境治理创新模式》，《重庆大学学报》(社会科学版) 2019 年第 1 期。

55. 赵其国、黄国勤等：《中国生态环境状况与生态文明建设》，《生态学报》2016 年第 19 期。

56. 赵树丛：《美丽中国不能缺林少绿》，《求是》2013 年第 7 期。

57. 浙江省统计局课题组：《"千万工程"催生乡村蝶变　整治提升寄予村民厚望——浙江省人居环境整治调研报告》，《统计科学与实践》2019 年第 9 期。

58. 朱斌斌、冯彦明：《乡村生态振兴的长效机制探析》，《农村金融研究》2019 年第 1 期。

59. 庄国泰、沈海滨：《生物多样性保护面临的新问题和新挑战》，《世界环境》2013 年第 4 期。

后　记

　　党的十九大制定了全面建成小康社会、实施乡村振兴战略、夺取新时代中国特色社会主义伟大胜利的宏伟蓝图和行动纲领，对打赢脱贫攻坚战、加强生态文明建设和乡村振兴明确提出了新要求。当前，我国脱贫攻坚已经进入决战决胜期。与此同时，我国经济已由高速增长阶段转向高质量发展阶段，生态环境也到了必须加快改善而且有条件加快改善的重要时期。为深入贯彻党的十九大和全国生态环境保护大会精神，深入学习贯彻落实习近平生态文明思想，坚决打好精准脱贫攻坚战、污染防治攻坚战，实施好乡村振兴战略，国务院扶贫办中国扶贫发展中心、全国扶贫宣传教育中心组织高校和科研机构的同志撰写了此系列丛书。

　　本书为脱贫攻坚与乡村振兴衔接研究丛书之一。在本书调研、写作过程中，笔者始终带着强烈的责任感、使命感，未敢有丝毫懈怠。参加本书调研、写作和修改工作的同志还有吉首大学旅游与管理工程学院、张家界学院的帅敏同志。在本书写作过程中，国务院扶贫办中国扶贫发展中心主任、博士生导师黄承伟研究员，吉首大学党委书记、博士生导师白晋湘教授，吉首大学原党委书记、吉首大学湖南省武陵山片区扶贫与发展协同创新中心主任、博士生导师游俊教授，吉首大学党委委员、副校长、吉首大学湖南乡村振兴战略研究中心主任、硕士生导师黄昕教授，吉首大学党委委员、副校长、博士生导师冷志明教授，吉首大学商学院院长、博士生导师丁建军教授等给予了指导和大力支持。在本书写作、出版过程中，国务院扶贫办中国扶贫发展中心、全国扶贫宣传教育中心负责组织协调工作。在此，谨对所有给予本书帮助支持的单位和同志表示衷心感谢。

本书参考和引用了许多专家、学者、教授的成果和观点，由于篇幅所限，不能一一列出，在此一并表示衷心的感谢。

人民出版社为本书出版提供了有力支持，在此向为本书出版付出辛勤劳动的各位编辑表示衷心的感谢和敬意。

限于能力水平，再加上时间仓促，书中定有许多不足，祈望广大读者不吝指正。

尚道文

2020 年 3 月

丛书策划：蒋茂凝　辛广伟

编辑统筹：刘智宏

责任编辑：王　欣

特约编辑：张　博

装帧设计：周方亚

图书在版编目（CIP）数据

脱贫攻坚与乡村振兴衔接．生态 / 中国扶贫发展中心，全国扶贫宣传教育中心组织
　编写；尚道文著．—北京：人民出版社，2020.11
（脱贫攻坚与乡村振兴衔接研究丛书）
ISBN 978-7-01-022200-4

Ⅰ.①脱…　Ⅱ.①中…②全…③尚…　Ⅲ.①农村—社会主义建设—研究—中国
②农村生态环境—生态环境建设—研究—中国　Ⅳ.① F320.3 ② X321.2

中国版本图书馆 CIP 数据核字（2020）第 099488 号

脱贫攻坚与乡村振兴衔接：生态
TUOPIN GONGJIAN YU XIANGCUN ZHENXING XIANJIE：SHENGTAI

中国扶贫发展中心　全国扶贫宣传教育中心 组织编写
尚道文 著

人民出版社 出版发行
（100706　北京市东城区隆福寺街 99 号）

中煤（北京）印务有限公司印刷　新华书店经销

2020 年 11 月第 1 版　2020 年 11 月北京第 1 次印刷
开本：710 毫米 ×1000 毫米　1/16　印张：12.75
字数：163 千字

ISBN 978-7-01-022200-4　定价：49.00 元

邮购地址 100706　北京市东城区隆福寺街 99 号
人民东方图书销售中心　电话（010）65250042　65289539